© 2018 Buzz Editora

Publisher ANDERSON CAVALCANTE
Editora SIMONE PAULINO
Projeto gráfico ESTÚDIO GRIFO
Assistente de design LAIS IKOMA
Preparação TEREZA GOUVEIA
Revisão JORGE RIBEIRO, DIEGO FRANCO GONÇALVES

Ícones da capa: Noun Project

Dados Internacionais de Catalogação na Publicação (CIP)
de acordo com ISBD

Patrocinio, Mauricio
Relacionamentos enriquecem / Mauricio Patrocinio
São Paulo: Buzz Editora, 2018.
160 pp.

ISBN 978-85-93156-76-2

1. Negócios 2. Carreira 3. Desenvolvimento pessoal
I. Título

CDD-658.3 / CDU-658.3

Elaborado por Vagner Rodolfo da Silva CRB-8/9410

Índices para catálogo sistemático:
1. Carreiras 658.3
2. Carreiras 658.3

Todos os direitos reservados à:
Buzz Editora Ltda.
Av. Paulista, 726 – mezanino
CEP: 01310-100 São Paulo, SP

[55 11] 4171 2317
[55 11] 4171 2318
contato@buzzeditora.com.br
www.buzzeditora.com.br

RELACIONAMENTOS ENRIQUECEM

MAURICIO PATROCINIO

7
INTRODUÇÃO

13
ENTENDENDO O MARKETING DE RELACIONAMENTO: OPORTUNIDADES E DIFICULDADES

23
AS CRENÇAS

29
MENTALIDADE E ATITUDES PARA O SUCESSO

35
CONQUISTANDO RESULTADOS EXPRESSIVOS E SÓLIDOS

41
COMO CONSTRUIR UM NEGÓCIO GRANDIOSO

47
COMO COMEÇAR

59
POR ONDE COMEÇAR: SIMPLES ASSIM

85
A RETENÇÃO

89
DESISTIR OU INSISTIR?

95
**COMO SE RELACIONAR
MELHOR COM AS PESSOAS**

103
**COMO LIDAR COM AS ARMADILHAS
E ERROS MAIS COMUNS**

113
EQUIPE E LIDERANÇA

131
**ADMINISTRAÇÃO DE
UMA EQUIPE GRANDIOSA**

139
CRIE MOTIVAÇÃO

143
**LIBERDADE PARA
MUDAR O MUNDO**

147
FAÇA O SEU PLANEJAMENTO

155
MINHA HISTÓRIA

INTRODUÇÃO

Somos movidos por sonhos e mantidos por propósitos. Essa é a razão pela qual é preciso escrever nossos sonhos grandes e pequenos, transformá-los em objetivos e promover ações, tudo para cumprir o propósito que trazemos na vida. Como combustível para essa conquista, é necessário desenvolver a crença de que podemos realizar tudo o que desejamos, quando colocamos em prática atividades simples e eficientes todos os dias, nas quantidades necessárias.

Para se ter sucesso em qualquer atividade é necessário estar disposto a se desenvolver. O desenvolvimento de que falo não é apenas o das habilidades específicas do seu negócio ou da sua profissão, mas principalmente o do entendimento do seu modo de ser, do domínio do modelo comercial dos seus empreendimentos, de planejar sua vida como um todo e de construir condições para relacionar-se com pessoas com o objetivo de desenvolver negócios reais e rentáveis.

A economia está mudando cada vez mais rápido, e com ela o perfil das profissões e dos negócios em geral. Diferentemente do que acontecia no passado, quando os jovens saíam das universidades sedentos por um estágio ou por um programa de *trainee* em grandes multinacionais, hoje, todos os profissionais, recém-formados e veteranos, buscam liberdade. Liberdade para trabalhar onde quiserem, com quem quiserem e na hora em que quiserem. Mais ainda, as pessoas buscam liberdade para ser quem elas querem ser. Junto a isso, soma-se o grande aprendizado da geração Y de viver *enquanto* se trabalha em vez de viver *para* trabalhar.

Olhando por esse enfoque, é fácil ver que no mercado de trabalho ainda passamos por algumas frustrações. Tais frustrações começaram nas gerações anteriores, que se dedicaram uma vida inteira em busca da felicidade financeira a ser adquirida apenas na aposentadoria. Muitas dessas pessoas não tiveram uma aposentadoria de acordo com suas expectativas nem de acordo com suas necessidades. Outras, no momento de se aposentar foram demitidas ou sofreram muito com o estresse gerado por tal situação.

A geração seguinte, ao contrário, não tinha a pretensão de ficar em uma única empresa para sempre e, por isso, rendeu-se às tentações dos *headhunters*, que ofereciam pacotes extremamente atrativos. Ganhava-se dinheiro, enquanto se perdia qualidade de vida. Há também os que sonharam em empreender em nosso país, mas devido às estruturas tributária, burocrática e organizacional, por exemplo, o Brasil ainda não estava preparado para o empreendedorismo Resultado: grande parte das empresas que abriram nas últimas décadas fechou. Em minha opinião, não apenas por culpa do sistema empresarial do país que, sim, dificulta muito, mas também pela falta de gestão ou de preparação dos empreendedores. Arrisco-me, inclusive, a dizer que essa culpa é metade-metade.

O Marketing de Relacionamento resolve com excelência toda essa problemática, desde que se trabalhe do jeito certo. É isso que quero compartilhar com você neste livro.

O Marketing de Relacionamento vem provando, a cada ano, que é sim a alternativa viável para pessoas que desejam empreender e ter sucesso, especialmente em nosso país, com todas as mudanças que a nova economia está causando.

Como disse Robert Kiyosaki, empresário, investidor e escritor, autor de diversos livros, entre eles o best-seller *Pai Rico, Pai Pobre*, o Marketing de Relacionamento é "o negócio do século XXI". E ele tem toda razão.

Cada vez mais as pessoas querem empreender e se libertar, mas, por outro lado, têm medo de abrir seu próprio negócio apenas com a cara e a coragem. Com as dificuldades inerentes ao se criar um negócio próprio, muitos preferem comprar um sistema já pronto, o que justifica o fato de o mercado de franquias ter se profissionalizado ao longo dos anos e ainda continuar crescendo. Um mercado que inexistia há 20 ou 30 anos e que hoje movimenta mais de R$ 128 bilhões de reais ao ano: esses números mostram a vontade do nosso povo de empreender.

O Marketing de Relacionamento segue o mesmo caminho hoje. Muito mais que revendedores buscando uma renda extra com a venda de produtos por catálogo, hoje ele atrai um público novo e crescente, que conquista ganhos bastante interessantes, que vão muito além dos R$ 500 ou R$ 1.000 mensais. Estamos falando em quantias que chegam 5, 6 ou 7 dígitos mensais e que, certamente, já representam a renda principal e a profissão de milhares de pessoas.

Embora pareça algo novo, o Marketing de Relacionamento surgiu na década de 1960 e apenas hoje vem ganhando proporções exponenciais no Brasil. Isso se deve à chegada da Geração Y ao mercado, que conectou essa nova forma de fazer negócios à nova economia. Trata--se de um modelo de negócios totalmente conectado às novas gerações, incluindo os Millennials e a Geração Z.

Mais interessante ainda é perceber que o mercado de Vendas Diretas atual, do qual faz parte o Marketing de Relacionamento, movimenta R$ 40 bilhões, sendo um dos 5 maiores mercados do mundo. E mais: as projeções da WFDSA (World Federation of Direct Selling Associations) para 2036 estimam um faturamento próximo aos R$ 100 bilhões. O mercado de Vendas Diretas é um mercado que cresce na crise, por ser um momento em que as pessoas buscam mais oportunidades, e também cresce quando a economia está aquecida, já que há um natural aumento do consumo.

Em resumo, essa é a verdadeira dimensão do poder libertador do Marketing de Relacionamento. Mas como fazer uso desse poder? Será que ao se cadastrar em uma empresa você já conquistará a liberdade? Será que ao ganhar dinheiro você poderá usufruir dessa prometida liberdade?

Empreendedores que desconheçam ou tenham um mau entendimento do mercado de Marketing de Relacionamento, bem como, especialmente, profissionais da área que já atuam ou atuaram em alguma empresa com esse modelo de negócios, podem carregar algumas impressões errôneas sobre a melhor forma de construir o sucesso usando essa ferramenta.

Por isso, o primeiro ponto para o qual quero chamar sua atenção é o fato de que todo o sucesso requer desenvolvimento pessoal, profissional, dedicação, constância, persistência e paciência, seja nesse modelo de negócios ou em qualquer outro. É possível ganhar muito dinheiro de qualidade e com segurança por meio do Marketing de Relacionamento, mas para isso é necessário ser muito profissional, bem como estar no veículo certo. Dessa forma, será possível que qualquer pessoa, independentemente de sua experiência ou formação, tenha um sucesso sólido.

O objetivo deste livro é promover o seu entendimento e a sua conquista do mercado por meio do Marketing de Relacionamento, deixando para trás os achismos e as conclusões simplistas que existem hoje, bem como dar o caminho para qualquer pessoa que deseje empreender nesse mercado obter sucesso de forma sólida e perene, usufruindo da tão sonhada liberdade – a maior promessa desse modelo de negócios.

Por meio de um processo construído e comprovado por décadas, durante a minha carreira nessa área, observando milhares de pessoas obtendo sucesso e outras tantas fracassando, construí um método capaz de guiar empreendedores de modo a tratarem o *Marketing de Relacionamento* como um negócio profissional e não como uma fórmula mágica de ficar rico, ostentando seu estilo de vida muitas vezes irreal, ou ainda como uma atividade paralela e amadora.

A meta é apoiar o maior número de pessoas possível para que conquistem felicidade e sucesso. Não apenas o entendimento da felicidade, mas principalmente sua conquista. O propósito é auxiliar na profissionalização do mercado de Marketing de Relacionamento e contribuir para elevar os padrões das atividades dos empreendedores e empresas desse segmento de negócios.

Como o próprio nome diz, esse é um negócio de relacionamento. É provado por números que se você aprender a se relacionar com as pessoas e a conectar essa habilidade à competência de desenvolver negócios de maneira correta, poderá ganhar milhões. O melhor de tudo é ganhar milhões com qualidade e sendo quem você é, em sua essência. Mais ainda, podendo se desenvolver diariamente, tornando-se melhor a cada dia.

Que este trabalho que você inicia agora, com a leitura deste livro, traga a você muito dinheiro de qualidade, liberdade e felicidade em sua jornada.

ENTENDENDO O MARKETING DE RELACIONAMENTO: OPORTUNIDADES E DIFICULDADES

Quando alguém se depara com uma apresentação de negócios de Marketing de Relacionamento, normalmente fica muito impressionado. Os céticos acabam por duvidar da força do negócio e os otimistas caem de cabeça em algo que é apresentado como a solução de todos os problemas, a grande oportunidade de ganhar de forma rápida muito dinheiro com pouco trabalho. Uma expectativa como essa, seja ela criada pelo emissor ou pelo receptor da mensagem, acaba sendo frustrada, e com isso cria-se a conclusão simplista de que esse negócio é para poucos, ou que para ganhar dinheiro tem que se ter a grande tacada de definir uma estratégia mirabolante, ou ainda de que tem que ser o primeiro para ganhar mais.

Em noventa por cento das vezes a oportunidade é desperdiçada. Culpa-se a ferramenta, seja o modelo de negócios ou a empresa, e muitos desistem um passo antes de realmente obter o sucesso que merecem.

Existem sim muitas oportunidades de Marketing de Relacionamento no mercado, e a oferta cresce a cada ano no Brasil. Porém, ao mesmo tempo, há uma carência do entendimento real desse modelo de negócios, além de existir uma interpretação simplista ou até sensacionalista que distrai o profissional – ele ou ela acabam por apenas fazer muito a atividade de prospecção, deixando de lado fatores absolutamente importantes para usufruir de todo o potencial deste negócio. O resultado é que apenas poucos atingem níveis altos de sucesso e muitos se frustram.

Fica então a pergunta: como construir o negócio do Marketing de Relacionamento de forma altamente rentável, sólida e perene, com uma fórmula de sucesso comprovada para se obter sucesso e prosperidade, a fim de usufruir da liberdade que este modelo de negócios proporciona?

É claro que dificuldades existem, como em todo e qualquer negócio. A proposta deste livro é ser franco e falar todas as verdades, ainda que doam. Para alcançar o sucesso, precisamos enfrentar a realidade nua e crua, como ela é.

A primeira verdade é que muitos começaram a utilizar a expressão Marketing de Relacionamento para fugir da má imagem e das objeções que existiam aos nomes *Marketing de Rede* e *Marketing Multinível*. Isso não necessariamente era uma pegadinha, mas fez muito sentido, justamente para que esse modelo de negócios pudesse ser levado para o patamar que merecia. Durante algum tempo, nosso modelo de negócios, que é extremamente legítimo e recompensador, foi deturpado devido ao alto poder de geração de renda.

Para falar começar a falar de Marketing de Relacionamento, precisamos falar primeiro de Vendas Diretas. Na verdade, a origem do Marketing de Relacionamento é a venda direta.

Um marco para a venda direta como hoje a conhecemos é a Avon. Seu fundador, David McConnell, vendia livros e dava perfumes de presente. Mais tarde, ele percebeu que as pessoas compravam os livros para ganhar as fragrâncias. Assim, resolveu montar a California Perfume Company, mais tarde rebatizada como Avon, e essa seria a primeira empresa de Vendas Diretas do mundo. Esse movimento foi seguido pela Yakult e pela TupperWare. Na sequência, em 1959, dois irmãos fundaram a Amway que, além das vendas, permitia que os vendedores montassem sua rede de vendedores e ganhassem sobre as vendas da equipe.

Dentro das Vendas Diretas, existem várias formas de apresentar os produtos. O que muitos chamam de "modelos de Vendas Diretas" eu chamo de "modelos comerciais". Alguns deles são:

Porta a Porta

Nele, os revendedores levam os produtos porta a porta, oferecendo-os aos consumidores. Apesar de ainda praticado, esse modelo não é tão visto hoje em dia. Com as populações cada vez mais ativas e preocupadas com a segurança, não há muita abertura para que consumidores recebam pessoas desconhecidas em suas casas.

Consultoria

É um modelo de venda especializada, no qual um revendedor, normalmente chamado de consultor ou consultora de vendas, demostra e explica os produtos individualmente.

Party-Plan

Como o próprio nome diz, são festas/eventos realizados em casa, com o objetivo de entreter o consumidor, gerando relacionamento e, consequentemente, demonstração de produtos e vendas. Hoje, chamamos mais de *reuniões caseiras*. Normalmente, esse modelo funciona com grupos menores de participantes, sendo todos eles conhecidos ou conhecidos de conhecidos dos revendedores e consumidores.

Digital

Cada vez mais praticado, esse modelo leva o trabalho do contato, que antes era pessoal, para o meio digital. Ele inclui desde a promoção de produtos pelas mídias sociais e aplicativos de mensagens até programas mais estruturados de atração e conversão de consumidores pelo marketing digital.

Uma evolução da venda direta foi o *Marketing de Rede*, chamado também de *Marketing Multinível*, já que eram pagos bônus (comissões) a diversos níveis de revendedores.

Se, por um lado, a venda direta (antiga porta a porta) gerou e gera oportunidade para milhões de pessoas terem uma renda extra pela revenda de produtos, por outro o Marketing de Relacionamento vem dando oportunidade para uma infinidade de pessoas com perfil empreendedor e de liderança gerarem uma renda própria, se profissionalizarem e viverem em tempo integral com esse negócio. Em vários casos, falamos de rendas bastante elevadas, superiores à renda de empresários de sucesso ou até mesmo de jogadores de futebol famosos. E isso gerou certa desconfiança em relação a esse modelo de negócios, principalmente pelo pouco entendimento que as pessoas tinham a esse respeito.

MULTINÍVEL × PIRÂMIDES

Diferentemente do que muitos dizem, o Multinível e o Binível não são modelos comerciais, mas formas de remunerar as lideranças de vendas. Logo mais, explicarei melhor sobre o nome Marketing de Relacionamento e minha visão sobre esse mercado. A princípio, para entendermos melhor o formato Multinível, vamos compará-lo a uma empresa tradicional.

Em uma empresa tradicional, há toda uma hierarquia para se chegar ao consumidor. Começa com um presidente, seguido de vice-presidentes, diretores, gerentes, supervisores, vendedores e promotores de vendas. Todos, nesse caso, são funcionários exclusivos da empresa, com subordinação, metas e habitualidade em uma relação de emprego regida pelos códigos de leis de cada país (no caso do Brasil, a CLT).

Em uma empresa com modelo multinível, também há uma estrutura. No entanto, ela não é hierárquica, mas sim organizacional. Existem diferentes nomenclaturas de líderes de equipes, de acordo com critérios de cada empresa. Esses critérios não representam poder ou autoridade, mas direitos de ganhos sobre a equipe. Cada título possui critérios de volumes de vendas de suas equipes, bem como linhas de lideranças que um empreendedor deve ter. Sim, chamamos de *empreendedor* porque ele é dono de seu próprio negócio.

A relação entre um empreendedor e a empresa é apenas de direitos, não de deveres. Não há qualquer exigência da empresa em número de horas trabalhadas, frequência de trabalho, cumprimento de metas ou garantia de ganhos. Existe, sim, um plano de compensação no qual o ganho é 100% variável. Também não há relação entre ser o primeiro a chegar e ganhar mais. Uma empresa sólida paga de acordo com o mérito da construção e não de acordo com o oportunismo de chegar antes.

O fator mais importante é que tudo começa com o consumidor. Deve haver sempre, incondicionalmente, alguém comprando produtos de alguém para que essa seja a base de ganhos para toda a equipe. *Isso é o que diferencia uma empresa com modelo multinível de uma pirâmide.*

Aliás, antes de falar de pirâmide financeira, vamos deixar claro que *não existe empresa de multinível*. Existem empresas de Vendas Diretas com produtos de consumo, bens duráveis ou serviços que *remuneram sua liderança de vendas por meio de um modelo multinível.*

COMPARATIVO DE ESTRUTURAS:
MODELO TRADICIONAL × MODELO MULTINÍVEL

Está bem claro, então, que como qualquer empresa, uma organização que adote o multinível precisa, impreterivelmente, ter foco no consumidor.

Porém, outra verdade crucial é que, ao desenvolver esse negócio, você escutará mais de uma vez a pergunta: "o seu negócio é uma pirâmide financeira?". Então entenda bem: uma pirâmide financeira não leva em conta a sustentabilidade do negócio, mas apenas o cadastramento de pessoas, gerando um fluxo financeiro que vai até o topo da organização.

Pirâmides são crimes contra o consumidor, previstos em lei e fiscalizados pelos Ministérios Públicos Estaduais e Federal e além das polícias civis e Federal. Nessas pirâmides, a atividade é tão somente o cadastramento de pessoas, com o objetivo de gerar renda para os indicadores e seus líderes, podendo ou não haver produtos envolvidos. Com a evolução desse crime, existem empresas piramidais que criam produtos irrelevantes ou, muitas vezes, inexistentes fisicamente, apenas com o intuito de simular um negócio legítimo. Há casos também de empresas que vendem serviços. Importante esclarecer que não necessariamente o ato de vender serviços faz da empresa uma pirâmide financeira, mas o cuidado a se tomar é principalmente com a forma pela qual o empreendedor é remunerado.

O simples cadastramento de um empreendedor não pode jamais gerar bonificação para a organização ascendente.

Para uma empresa de serviços ser legítima em um modelo multinível, a remuneração deve ser paga apenas e tão somente quando o serviço é utilizado por um consumidor final. Isso significa, por exemplo, que uma empresa de viagens apenas pode pagar a bonificação quando o consumidor final, que não é empreendedor da empresa, compra um pacote de viagens, passagem ou hospedagem. Parte do serviço pode ser pago ao empreendedor que vendeu o serviço, bem como à organização ascendente. O mesmo ocorre no caso de seguros, serviços de assinatura e outros.

Em uma empresa com produtos, a bonificação apenas deve ser paga quando ocorrer a compra de produtos para revenda do empreendedor/revendedor. As empresas de Vendas Diretas em geral não possuem uma forma de rastrear a venda ao consumidor. Por essa razão, quando falamos em produtos físicos, entenda-se que a compra dos produtos é necessariamente para revenda, e subentende-se que esses produtos serão vendidos. O próprio fisco estadual entende da mesma maneira, já que quando o produto é comprado por um revendedor aplica-se o ICMS por substituição tributária, recolhendo-se a parte do empreendedor na fonte.

Há, ainda, algumas práticas equivocadas por parte de empresas e de empreendedores que não apenas confundem o modelo como também colocam em risco as empresas e aqueles que o fazem. Uma delas é quando as empresas, por desconhecimento, excesso de agressividade comercial ou até mesmo má intenção, pagam bônus desproporcionais à liderança.

Para falar sobre isso, é preciso explicar a forma de cálculo dos bônus. Em geral, as empresas atribuem pontos a cada produto de acordo com o valor ou com a intenção de promoção deles. Um produto deve sempre ter uma margem de lucro para o revendedor na venda direta e uma pontuação que será a base de cálculo dos bônus. Há casos de empresas que criam kits de produtos que possuem mais pontos do que produtos e pouca ou nenhuma margem para o revendedor. Nesses casos, o modelo pode ser entendido pelas autoridades como um modelo piramidal. O que ocorre é que o novo empreendedor não ganha nada ao se cadastrar, mas, no entanto, sustenta a liderança de vendas e a empresa. Por desconhecimento, muitos acreditam que o simples fato de ter produto torna uma empresa legítima, o que não é verdade. Sempre que o novo empreendedor compra um produto ou serviço e, ao revendê-lo, não obtém lucro, mas gera bonificações para a organização, o modelo é equivocado.

Não se aplica a esse caso as situações nas quais uma parte do kit é composta por materiais auxiliares de vendas, como catálogos, folhetos, demonstradores ou treinamentos. Pode ser que a somatória do lucro de um kit seja igual ou até inferior à soma dos materiais de treinamento, representando um investimento inicial do empreendedor. Isso não está errado. Os materiais, porém, devem ter um valor real de mercado e, sob nenhuma hipótese, devem ter qualquer pontuação que pague bonificações. Apenas produtos e serviços para revenda podem ter pontuação e pagar bonificações. Materiais auxiliares de vendas nunca podem pagar bônus.

Outro erro comum é os empreendedores chamarem o negócio de *clube de consumo*. Um clube de consumo é um programa de fidelidade, e não um modelo de negócios. Os chamados *member get member* são programas que, sim, geram benefícios pela indicação de pessoas para uma determinada empresa. Eles não possuem, porém, um fim profissional, o que é bem diferente do Marketing de Relacionamento.

Muito cuidado também ao fazer o fechamento de um novo empreendedor/distribuidor, atrelando a recuperação do capital investido ao cadastro de empreendedores. O investimento inicial nesse negócio é representado, muitas vezes, por uma taxa de cadastro (que pode ser cobrada por todas as empresas), por materiais de treinamento e por materiais auxiliares de negócios (como folhetos, catálogos e demonstradores), ou seja, itens que não geram pontuação ou bonificação para a rede, somados a um pedido inicial sugerido. O pedido não pode ser obrigatório nem pode haver exigência de compra mínima. É fundamental, porém, ter produtos em mãos para demonstração, para uso pessoal e para pronta entrega. A recuperação do investimento inicial deve sempre estar conectada à venda desses produtos e não ao cadastramento de novos empreendedores. O ganho sobre a compra de produtos para revenda dos empreendedores/distribuidores nada pode ter a ver com o investimento inicial de um novo empreendedor.

Aqui está uma lista simples, relacionando o que torna um negócio uma pirâmide financeira (ou práticas piramidais):

- Não ter produtos de real valor ou mesmo nenhum produto;
- Pagar meramente pelo cadastramento de pessoas;
- Possuir pegadinhas no modelo comercial, visando distrair o novo empreendedor com materiais de treinamento de valores abusivos e pagar bônus sobre esses materiais;
- Não possuir modelo comercial sustentável com foco no consumidor.

Em resumo, uma empresa legítima de Marketing Multinível é sustentada por meio do consumo de produtos pelos consumidores e não pelos empreendedores. Há dois negócios: o primeiro – e mais importante – é o lucro real na revenda de produtos ou de serviços; o segundo é a bonificação gerada para os líderes empreendedores que possuem uma organização de vendas.

Repito, pela grande importância: o retorno do investimento feito pelo novo empreendedor deve vir por meio da revenda dos produtos ou dos serviços e não pelo cadastramento de novos empreendedores. São negócios separados e devem ser geridos separadamente.

Diziam que as Vendas Diretas iriam acabar

Há muitos anos, quando surgia a internet, eu escutava pessoas dizerem que as Vendas Diretas iriam acabar. Isso porque se tinha a equivocada impressão de que a venda porta a porta era realizada principalmente pela conveniência do comprador. Em parte, até que era verdade. Lembro-me de que minha mãe fazia pedidos frequentes para um revendedor do Círculo do Livro. Era cômodo sim, e conveniente, comprar com ele. De fato, esse tipo de venda estava prestes a acabar. O próprio Círculo do Livro já não existe mais.

No entanto, a venda direta não parou e não para de crescer. As duas maiores empresas do mercado brasileiro cresceram entre 10 e 16 vezes depois da chegada da internet. Qual o segredo? Em 2008, escrevi um artigo em que afirmava ser o *relacionamento* a essência das Vendas Diretas, e não a conveniência. Isso vem se provando com o contínuo crescimento do setor.

Aqui vem, então, o bom uso do termo Marketing de Relacionamento para esse modelo de negócios. O catálogo, a internet e até mesmo as lojas são apenas um meio. Com a nova economia, os relacionamentos são a base de tudo. Não há como fugir. Pessoas indicam pessoas, pessoas indicam produtos. A magia desse modelo de negócios é que, ao conquistar pessoas, você conquista também uma boa parte das pessoas que ela conquistar e assim por diante. Tudo é relacionamento e um bom relacionamento é tudo. Aliás, sempre digo que *quando temos bons relacionamentos, temos muitas oportunidades e, por sua vez, muitos problemas a menos.* Mais à frente, falarei sobre como se relacionar com pessoas de forma legítima e capitalizar naturalmente com isso.

O importante, no entanto, é entender que nem todas as pessoas que você conhece desejarão ser empreendedores como você, mas certamente muitos desejarão comprar os produtos que você representa.

Acredito que agora muita coisa começa a fazer sentido para você. Tenha a certeza de que você escolheu um modelo de negócios altamente recompensador e que poderá se libertar de forma perene. No entanto, isso depende muito de você. Como em qualquer negócio, é preciso se profissionalizar e evoluir pessoalmente. O sucesso será consequência disso e irei ajudá-lo nesse processo.

AS CRENÇAS

Falar sobre crenças no desenvolvimento do Marketing de Relacionamento, para mim, é algo óbvio. Na vida, não fazemos nada em que não acreditamos. Na verdade, as apresentações, tanto do produto como da oportunidade de negócio, são um processo de desenvolvimento de crença para a tomada de decisão.

Ao apresentar o produto, expor seus atributos e qualidades e demostrar sua funcionalidade, estamos desenvolvendo a crença de nosso consumidor. A decisão, o momento do "sim", se dá quando certo nível de crença é atingido. Da mesma forma, ao apresentar o negócio, vamos desenvolvendo a crença de nosso *prospect* para que ele acredite que o negócio é bom, que a empresa é confiável e que ele tem condições de fazer parte de tudo aquilo.

Como já disse aqui, a crença também é responsável pela retenção. Essa crença vem da constância e da disciplina no relacionamento. Falar de crença sem falar de fé é impossível. Quando avaliamos as diferentes religiões e espiritualidades, percebemos que em todas elas existe um processo para manter a fé elevada. As pessoas precisam de um *mindset* específico para terem fé, para acreditarem em algo que não veem. No nosso negócio, não é diferente. Você e sua equipe, ao construírem o negócio, também precisam de um processo contínuo para desenvolver e manter a crença elevada.

Desenhei aqui uma escada das crenças que precisam ser desenvolvidas e mantidas continuamente. Criar e manter essas crenças são atitudes decisivas para a conquista e a manutenção do seu sucesso e da sua liberdade.

Escada de crenças e tomada de decisão

CRENÇA EM VOCÊ

O processo de tomada de decisão de um *prospect* se dá pela subida da escada das crenças até o último degrau. Foi assim com você também. Seu papel é subir essa escada, manter-se lá em cima e, então, chamar o maior número de pessoas para o mesmo lugar.

Faço aqui uma referência a algo que sempre falamos em nosso negócio: "rumo ao topo!" Usamos essa expressão para motivar as pessoas a subirem para os níveis mais altos de sucesso. "Ir ao topo" significa ir ao topo da escada das crenças, manter-se lá e, então, trazer mais pessoas para o mesmo lugar. O seu sucesso será consequência desse processo.

A primeira crença que se deve ter é a crença em você mesmo. Não estou, ainda, falando sobre crença pessoal, a que chamo de "crença própria". A crença a que me refiro aqui é a sua credibilidade, a sua reputação. A reputação, aliás, é o seu maior patrimônio. O primeiro degrau, portanto, é você ser uma pessoa de credibilidade, e isso se conquista com suas atitudes. Ainda que tenhamos errado no passado e nos "queimado" com alguns contatos (todos estamos suscetíveis a isso, de forma não intencional) sempre podemos reconquistar nossa credibilidade com novas atitudes e ampliar nosso ciclo de relacionamentos com outras pessoas.

Nossa reputação e nossa credibilidade são frutos de nossas escolhas, decisões e atitudes. Quanto mais valores e princípios legítimos tivermos, mais credibilidade teremos.

A crença mais importante começa em você mesmo. Você precisa acreditar que é capaz de desenvolver esse negócio. Acreditar que é possível e que você desenvolverá as habilidades que não possui. Existem pessoas cujo perfil abrange habilidades bem desenvolvidas. É claro que isso influencia positivamente na obtenção do sucesso de forma mais rápida. No entanto, antes das habilidades vêm as atitudes. Em minhas equipes corporativas, sempre contratei pessoas primeiramente pelas atitudes e, depois, pelas habilidades. Tenho convicção de que as habilidades sempre podem ser desenvolvidas, se a atitude estiver certa. Muita gente acredita que por não saber vender ou por ter medo de falar em público, por exemplo, não conseguirá fazer o negócio. Isso é um grande erro. Já vi gagos e surdos tendo sucesso no Marketing de Relacionamento. A forma de apresentar pode ser desenvolvida e ajustada. O que não se ajusta é a atitude. Uma pessoa negativa, por exemplo, raramente terá grande sucesso. Naturalmente, ela se boicotará; é só uma questão de tempo. Com uma pessoa antiética, acontece a mesma coisa. Por outro lado, se você tiver as atitudes certas, esteja certo de que já tem quase tudo de que precisa para se desenvolver. As habilidades, mais uma vez, serão desenvolvidas com o tempo.

CRENÇA NOS PRODUTOS

Você apenas vende o que acredita. Saiba disso.

Como já comentei anteriormente, você tem que ser o produto do produto. Deve usar os produtos diariamente, consumi-los e ter experiências para poder compartilhar com seus consumidores e *prospects*. Não existe uma característica única que defina qual é a linha certa de produtos para nosso modelo de negócios. O importante é que essa linha una produtos de maior giro com menor rentabilidade a produtos com menor giro e maior rentabilidade. Ou seja, produtos que abrem portas e outros que fidelizem, sempre prezando para que tenham a qualidade necessária para o público que querem atingir.

Ter lançamentos constantes também é fundamental para manter o fogo aceso no relacionamento com os consumidores. Mais uma vez, a virtude está no equilíbrio. Já vi empresas com apenas um produto terem muito resultado por um tempo e depois caírem. Isso porque, nesses casos, o ciclo de sucesso da empresa está diretamente relacionado ao ciclo do produto. Cria-se um estigma tão forte em apenas um produto que os consumidores/empreendedores não acreditam que a empresa pode ser boa em outros produtos também. Vi, por outro lado, empresas lançarem desesperadamente centenas de produtos a cada convenção, o que trouxe uma complexidade muito grande e acabou por virar um problema para a empresa.

CRENÇA NO NEGÓCIO

A outra crença fundamental é a crença no modelo comercial. Ao entender a força de nosso modelo, o *prospect* avança para o próximo degrau. Essa força está em vários aspectos, mas se resume em *simplicidade vs. escalabilidade*.

Tais elementos tornam o modelo comercial mais atrativo que qualquer outro. Imagine que como empreendedor não há necessidade de se preocupar com desenvolvimento de produtos, fabricação, qualidade, distribuição, faturamento, questões tributárias, contabilidade, jurídico, recursos humanos e estrutura física, entre tantos outros. Basta apenas construir uma equipe consistente e uma base sólida de consumidores.

Além disso, no Marketing de Relacionamento você tem a possibilidade de *ganhar o que merece. Ninguém irá contratá-lo, promovê-lo ou demiti-lo.* Você é responsável pelo seu sucesso e culpado pelo seu fracasso. O papel da empresa é apenas reconhecer seu mérito e pagar o que merece.

CRENÇA NA EMPRESA

A crença na empresa também é muito importante e, por isso, representa mais um degrau. Ela depende muito da atitude corporativa. Qual é a identidade da empresa, quais são seus propósitos, valores e visão de futuro? Qual é a característica dos donos da empresa? Por que eles criaram a companhia? Qual é o perfil dos executivos?

Já estive frente a empresários e gestores no passado que desejavam ter um negócio nesse modelo comercial com o único objetivo de ganhar muito dinheiro ou reconhecimento. Essa postura quase sempre se transforma em uma competição com a liderança de empreendedores/distribuidores e acaba minando o próprio negócio, mesmo depois de ele ter crescido muito. Conheci, ainda, casos de executivos que faziam de tudo para ganhar seus bônus corporativos e também acabavam por minar negócios que foram em outros momentos extremamente promissores em tamanho e em solidez.

A empresa certa, independentemente de seu tamanho, é aquela que tem uma identidade sólida, cumprida por executivos de qualidade. Uma identidade sólida faz uma empresa sólida. Por outro lado, uma empresa com identidade errada (valores e princípios errados) torna-se frágil, por maior que seja.

Conheça bem e entenda a empresa a que vai se ligar. Uma vez conectado com ela, mantenha a crença evoluída. Lembre-se de que a verdade está nos detalhes e nas atitudes, e não apenas nas palavras.

CRENÇA PRÓPRIA

Essa crença é diferente da crença em você. Quando falei sobre "crença em você", referia-me à sua credibilidade, à crença que as pessoas têm por você. Crença própria é a crença que você tem em você mesmo.

Ela está muito mais ligada à sua autoestima do que às suas habilidades. Se você se aprecia, desejará ter algo melhor. Esse desejo fará com que acredite que conseguirá fazer o negócio.

Muito da crença própria está ligado a crenças limitantes, ou seja, crenças que foram colocadas em nossas mentes ao longo de nossas vidas, como acharmos que não servimos para algo ou que não merecemos o sucesso. Libertar-se das crenças limitantes é fundamental para acreditar que é, sim, possível fazer o negócio e ser bem-sucedido. Desenvolver a crença própria está muito ligado a *o que* e *como* você deseja. Se fizer um exercício diário de se lembrar dos seus sonhos, de desejar profundamente uma vida melhor e livre, na qual você assuma o controle, terá uma razão grande para fazer o negócio. Essa razão irá naturalmente fazer com que você desenvolva as atitudes e as habilidades que faltam para conquistar o que deseja.

Esqueça definitivamente o que os outros falam ou falaram para desencorajá-lo. Tape os ouvidos, deixe de escutar pessoas negativas, escute os seus sonhos e olhe para frente. Conquiste o que realmente deseja e faça por merecer. Por que não você? Por que não agora?

MENTALIDADE E ATITUDES PARA O SUCESSO

Existem alguns fatores que podemos chamar de *causas principais* das dificuldades que você encontra ao trabalhar com o modelo de negócios Marketing de Relacionamento. Mas independentemente do que você possa chamar de causa do seu problema, tudo sempre começa com uma expectativa equivocada, desalinhada com um entendimento verdadeiro do que é Marketing de Relacionamento, e com a falta de um plano de ação baseado no desenvolvimento das atitudes certas e das habilidades necessárias para se construir o negócio de forma sólida.

Com pouco entendimento ou, ainda pior, um mau entendimento do negócio, as pessoas queimam contatos e arranham sua reputação. Em qualquer negócio, e especialmente no Marketing de Relacionamento, a reputação é o nosso maior patrimônio. Mais ainda, é a matéria-prima para crescer nesse modelo comercial. Sem reputação as pessoas se frustram por não obterem os resultados esperados, desistem da empresa em que desenvolvem seu negócio e, pior, desistem do uso dessa ferramenta poderosa.

Para conquistar liberdade e sucesso, precisamos ter a mentalidade e as atitudes certas conectadas à ação. Muito do que falamos anteriormente, ainda que relacionado a propósito e a sonhos, está ligado a ações que se concretizam por objetivos e por metas corretas. Vamos falar agora sobre a mentalidade e as atitudes certas. As atitudes certas são essenciais para se viver bem, ser feliz e, também, para conquistar liberdade e sucesso.

Ao desenvolver esse negócio, você se torna um empreendedor. Como já dito, o brasileiro é um povo bastante empreendedor, mas não é preparado para isso. Além de possuir a habilidade de gestão, essencial também no mercado tradicional, no Marketing de Relacionamento você precisa ter o *mindset* correto para poder usufruir tudo que o negócio pode proporcionar.

Em outro capítulo, falarei um pouco sobre gestão financeira e explicarei como aplicá-la nesse negócio. É uma questão importante, apesar de ser muito mais simples aqui do que em um negócio tradicional.

Tenha sempre muito cuidado com seu *mindset* (mentalidade e atitudes). Durante todos esses anos, já vi muita gente sabotando ou dificultando o próprio sucesso devido a atitudes erradas. Um exemplo de atitude que precisa ser bastante cuidadosa é a forma como as decisões são tomadas. Em vários momentos, você poderá se ver encurralado, estagnado, sem crescer ou até caindo. É nessa hora que deve ter muito cuidado para não tomar decisões de forma impulsiva. Sempre é preferível sofrer pela não tomada de decisões do que por uma decisão equivocada. Queremos sempre resultados imediatos e começamos a nos contaminar com a energia errada quando o resultado que tivemos começa a diminuir. Antes de qualquer decisão, analise profundamente o problema e, se for o caso, simplesmente espere. Respire fundo, analise, espere e só então faça algo.

Na vida, atravessamos tempestades. Elas vêm e vão. Tudo passa, tanto as coisas boas como as ruins. Seja lá o que for, passará. A pior coisa que você pode fazer para seu negócio (e até para a sua vida) é tomar decisões em momentos de desespero. Durante a tempestade, o melhor é esperar passar. Apenas depois, em segurança, faça algo. É muito comum líderes começarem a se desesperar quando o resultado deles cai. Muitos, com a expectativa de grandes resultados de forma rápida, pulam de empresa em empresa.

Algo que aprendi com um grande líder internacional desse mercado é ter o seguinte mantra:

- Não se desespere;
- Não entre em pânico;
- Escolha com sabedoria.

Escolher com sabedoria significa tomar decisões com o *mindset* correto. Sobre a tomada de decisões, também aprendi um processo incrível que ajuda muito a pensar e a agir. Há coisas que dependem de você e existem outras que dependem do ambiente – em geral, dependerá muito mais de você do que do ambiente. Veja, então, o nosso papel nesse processo. São quatro passos simples:

MUDE VOCÊ → MUDE O AMBIENTE → MUDE DE AMBIENTE → SOFRA

Mude você

Caso não esteja tendo o resultado de que gostaria, analise, com a atitude correta, o que você pode mudar para melhorar. Quais habilidades devem ser mais desenvolvidas, como fazer mais e melhor o que deve ser feito? Sempre haverá aspectos a serem melhorados ou, simplesmente, continue fazendo o que planejou até conseguir o resultado desejado. É importante ficar extremamente atento à atitude certa para que você consiga realizar mudanças em você. Somos uma "metamorfose ambulante". Estamos em desenvolvimento constante e sempre haverá oportunidades para evoluir.

Mude o ambiente

Muitas vezes, é possível, sim, mudar o ambiente. Essas mudanças, porém, não podem ser realizadas de forma inconsequente. Muitos pensam logo em alterar o plano de compensação da empresa impulsivamente, querem alterar promoções e até mexer nos produtos. Mudar o ambiente, na maioria das vezes, é mudar a *vibe* da sua equipe. É mudar, inclusive, alguns integrantes de sua equipe. Existem pessoas que falam muito e fazem pouco. Reclamam, mas não executam o básico. São ótimas para criar as fórmulas mágicas e péssimas para colocá-las em ação. Cuidado com esse tipo de pessoa. Elas são um problema. Não pense que é preciso ter todos os seus empreendedores e líderes a vida inteira. Alguns chegarão, terão algum resultado e depois sairão, em geral falando mal de tudo. Pessoas vão e vem. Seu negócio continua. Mudar o ambiente, muitas vezes, é oxigenar sua equipe com novas pessoas, inclusive líderes. Um grande amigo meu, e um dos maiores líderes do Marketing de Relacionamento, sempre dizia que era feita uma *seleção natural* quando alguém saía de sua equipe. Ele continuava trabalhando, cada vez mais para encontrar novos e melhores líderes. Seus ganhos, consequentemente, apenas subiam. Há, sim, momentos em que temos que mudar o *tangível* de uma empresa ou de um negócio. Quando realmente uma mudança maior é necessária, ela pode ajudar muito. No então, não deve ser decidida de um dia para outro. Tudo que é novo leva um tempo para se acomodar e gerar resultados. Falarei sobre isso ainda aqui.

Mude de ambiente

Sim, há momentos em que você perceberá que o ambiente já não é mais um solo fértil para você. Isso não se nota de um dia para outro, mas sim ao longo de um bom tempo, depois de já ter tentado, com as atitudes certas e muito discernimento, mudar você mesmo ou mudar o ambiente. Nesses casos, então, é hora sim de mudar de ambiente. Uma das poucas e principais razões para se mudar de ambiente é quando os valores e princípios da empresa não têm sinergia com os seus. No que se refere ao tangível, praticamente tudo pode ser resolvido, desde que com a atitude certa.

Sofra

Se você não está disposto a mudar você, não quer ou não consegue mudar o ambiente e não quer mudar de ambiente, então, sofra.

Todo esse processo de que falei depende sempre de atitudes certas para analisar e agir. Aqui estão algumas das principais atitudes que aconselho a desenvolver:

Humildade

Essa é a atitude mais admirada por mim e aconselho que seja por você também. Saiba separar quem você é de quem você *está*. Você é seus valores e princípios, suas habilidades e talentos. Você *está* no título que foi reconhecido. Há também uma diferença grande entre humildade e subserviência. Humildade é saber o que você sabe e o que você não sabe. Assim, ensina aquilo que sabe e aprende o que não conhece. Todos podemos aprender com todos, o tempo inteiro. Sempre temos algo a aprender com alguém, independente da posição social ou de qualquer outra condição. Aprendemos, inclusive, com crianças, com pessoas mais abastadas e até com as mais simples. Todos temos algo, como um ensinamento, para presentear os que estão ao nosso redor. A subserviência, por sua vez, é rebaixar-se perante o próximo. Cada pessoa tem seu valor e ninguém é mais ou menos pela condição financeira ou pelo resultado que obteve. O resultado é apenas uma condição que envolve tempo, trabalho e habilidades desenvolvidas.

Discernimento

Discernir é uma das principais atitudes que você deve ter. Saber analisar de forma limpa, transparente, sem contaminação, despretensiosamente e livre de egos. Nem tudo é exatamente o que parece em um primeiro momento. Nem tudo é tão ruim quanto parece. A causa de problemas e de dificuldades não é tão simples como você acha. As coisas têm uma razão de existir e uma história por trás. Muito cuidado para discernir de forma clara e coerente o que acontecerá no desenvolvimento do seu negócio. Temos que praticar o discernimento em cada opinião que nos é dada, em cada conselho que nos é presenteado. Saiba ouvir. Essa é, inclusive, outra grande habilidade a ser desenvolvida sempre. Saiba filtrar o que faz sentido e o que não faz sentido e, então, aja. Faça tudo com muito discernimento.

Persistência e paciência

Desde a Antiguidade, nossos ancestrais plantavam, regavam, cuidavam, esperavam e, então, colhiam. Por que você acha que deve começar hoje e colher os frutos amanhã? Tenha paciência, saiba fazer o seu melhor e deixe o tempo fazer a parte dele. Faça melhor todos os dias e persista, fazendo mais sempre. Faça mais do mesmo, mas faça melhor. Como diz a personagem Dory, no filme *Procurando Nemo*, "continue a nadar". Persista com paciência. Isso é diferente de insistir. Insistir é continuar a fazer as mesmas coisas por um longo espaço de tempo e desejar ter os mesmos resultados. É quase loucura.

Perseverança

Queira mais, seja ambicioso. Isso não é ruim. Ambição é querer mais e melhor. Ganância é o exagero disso. Saiba que o mundo existe para ser usufruído por nós. Saiba sonhar grandes e inúmeros sonhos. Cuidado para nunca se acomodar. Nós, seres humanos, temos uma capacidade imensa de nos acomodar. Nós nos acostumamos com o que é bom, mas também nos acostumamos com o que é ruim e deixamos de crer que podemos ter algo melhor. Quando você quer mais e, sobretudo, tem propósito e valores legítimos, é abençoado de forma abundante. Essa abundância é uma dádiva à qual temos direito.

CONQUISTANDO RESULTADOS EXPRESSIVOS E SÓLIDOS

O Marketing de Relacionamento está apoiado no conceito de sinergia, na soma de esforços para conquistar um bem maior. *Quando não apenas uma pessoa, mas um grupo de pessoas colocam seu propósito dentro de uma atividade profissional, por meio disso conquistam resultados expressivos e sólidos.* Esse é a ideia básica e ao mesmo tempo ampla do que significa organizar esforços usando-se o Marketing de Relacionamento como ferramenta de excelência.

Como em qualquer empreendimento, também aqui existe um passo a passo a ser seguido durante o desenvolvimento do seu negócio de Marketing de Relacionamento. A verdadeira motivação nasce quando estabelecemos pequenas metas. As metas, por sua vez, estão ligadas às ações que temos que fazer hoje, amanhã, esta semana, para avançarmos. Estes pequenos avanços geram a autorrealização necessária para seguirmos para o próximo passo e, assim, para o próximo nível.

Para conquistar resultados expressivos e sólidos, você precisa seguir esse passo a passo. Para ajudá-lo, eu trouxe para este livro os conhecimentos e vivências que acumulei em mais de 25 anos de experiência com Vendas Diretas e Marketing de Relacionamento, somados a uma herança que vem de minha geração anterior, começando na origem da venda direta no Brasil.

Sintetizei e consolidei nesta obra todo o entendimento que tenho acumulado e vivido em minha carreira. Meu objetivo é ajudar a acelerar a sua profissionalização nesse modelo de negócios tão apaixonante, bem como ajudar o maior número de pessoas que eu puder a obter sucesso sólido, real e perene nessa indústria, conquistando, durante o processo, as tão sonhadas liberdade e felicidade.

O livro está estruturado em uma ordem que facilita a compreensão de todas as necessidades de um empreendedor no Marketing de Relacionamento: desde os assuntos mais focados em *como começar*, seguindo para temas relativos a como *trabalhar sua equipe*, como estabelecer sua liderança e, então, oferece uma visão mais ampla, para que você possa pensar em voos mais altos, com uma equipe grandiosa, com negócios até mesmo em outros países.

Este livro é o primeiro de uma série que, juntamente com diversos cursos que virão, irá escalonando o seu aprendizado, de modo que você tenha uma formação em Marketing de Relacionamento, com especialização progressiva.

É muito importante que você, ao ler este livro, estabeleça pequenas metas a cada tema e a cada capítulo lido. Trabalhe nessas metas e se conecte ao próximo tema, motivando-se a cada etapa para desenvolver o seu negócio de Marketing de Relacionamento. Faça desta obra um tutorial para fazer o seu planejamento de negócios – o seu *Business Plan* – e colocá-lo em ação imediatamente, para que o seu sucesso venha com mais rapidez e de maneira muito mais consistente e duradoura.

O PODER LIBERTADOR DO MARKETING DE RELACIONAMENTO!

Sim, uma das grandes promessas do Marketing de Relacionamento é a de liberdade em todos os aspectos: liberdade financeira, liberdade de tempo, liberdade para estar onde quiser, com quem quiser e na hora que quiser. Essa é uma promessa que atrai muita gente. Mas há um erro aí. Não pode ser uma promessa. Primeiro, porque não podemos prometer o que não podemos cumprir. Segundo, porque a conquista da liberdade não depende de quem compartilha a oportunidade, mas primordialmente da pessoa que toma a decisão de desenvolver o negócio e, em seguida, da solidez do próprio negócio.

Não estou dizendo com isso que a liberdade não existe, mas sim que ela depende 80% de você e 20% do ambiente em que você desenvolve negócios. Portanto, antes de dar-lhe uma direção e dicas de como conquistar essa liberdade, é preciso prestar atenção em alguns alertas para que você tome as decisões certas e possa conquistá-la.

O que é essa liberdade, afinal? Ela existe realmente? Sim, existe e tenho dezenas de exemplos para citar, tanto exemplos de liberdade bem conquistada e bem usufruída como exemplos de liberdade conquistada e mal utilizada.

A liberdade a que me refiro é você estar onde quiser e na hora que quiser. Isso significa o quê? Significa que você é dono do seu nariz. É acordar de manhã, por exemplo, dizendo "hoje, não vou fazer nada" e não ser demitido por isso.

Liberdade de acordar na hora que os olhos abrirem, ainda que isso tenha uma conotação de preguiça. Liberdade para não se importar mais com o que os outros irão falar de você – pelo contrário, liberdade para ser você mesmo.

Liberdade de não precisar olhar a conta bancária todos os dias para saber quanto entrou de dinheiro e se haverá dinheiro para pagar as contas. Liberdade de trabalhar com quem quiser e escolher as pessoas com quem você não quer trabalhar.

Ao ler isso, muita gente pode pensar em utopia, algo impossível de acontecer, ou em algo monótono. Garanto que não é utopia e também afirmo que apenas se tornará monótono se você quiser.

A verdadeira e perene liberdade que esse negócio oferece é aquela que lhe permite tirar pressões das suas costas, tirar preocupações banais e constantes, deixar de agir por medo ou desespero. Sim, podemos viver dessa maneira em qualquer outro negócio, se tivermos as atitudes certas e o desejo de nos libertar, mas aqui é diferente de qualquer outro negócio. No Marketing de Relacionamento, você tem um ganho residual que independe de você bater cartão, *ser político* com o chefe ou ter que aguentar clientes insuportáveis apenas porque eles que pagam a conta.

A liberdade que falo também não significa uma aposentadoria ociosa, em que você dormirá o dia todo e não terá o que fazer. Esse modelo de aposentadoria já mostrou que deprime as pessoas a ponto de *morrerem* antes de *falecerem*. Além disso, não é sustentável. Basta ver o rombo na previdência, não apenas no Brasil, mas em todo o mundo.

Fomos criados por uma força maior, que chamo de Deus, para estarmos em movimento constante, sempre. Nosso corpo e nossa mente não têm o poder que têm para ficarmos parados. Temos que estar em constante evolução física, mental e espiritual, como consequência de um propósito maior.

A liberdade verdadeira é a liberdade de você cumprir seu propósito, realizar seus sonhos enquanto vive com paz no coração, sem problemas financeiros, sem pressões políticas, sem ter que aguentar pessoas do mal, sem ter que se sujeitar a coisas em que não acredita. Essa é a liberdade. E mais: é você ser dono dos seus dias e poder planejar seus horários de trabalho, dias e momentos de lazer, dias e momentos com a família, dias e momentos com você. Essa é a liberdade, é ser livre enquanto constrói algo maior, algo com significado.

Fui executivo durante muito tempo da minha vida, executivo de empresas de Vendas Diretas e de Marketing de Relacionamento. Pregava essa liberdade, porém não a vivia. Ajudava as pessoas a conquistá-la, mas não tinha qualquer possibilidade de viver aquilo como executivo. Vendia meu tempo, minha saúde e a convivência com minha família por dinheiro, "segurança" ou até por reconhecimento. Confesso aqui, publicamente e em primeira mão, que se tivesse tido a oportunidade de continuar como executivo enquanto construía um negócio de Marketing de Relacionamento em uma empresa em que realmente acreditasse, eu o teria feito. Por um lado, eu não podia, já que era executivo no mesmo mercado e seria um conflito de interesses, por outro, mesmo quando pedi demissão da presidência de uma empresa para assumir o controle da minha vida e conquistar a liberdade, não me conectava com nada do que via. Hoje, vivo essa liberdade como empresário no Marketing de Relacionamento. Hoje, sou como você, um empreendedor, e finalmente vivo essa liberdade. Hoje, sou prova viva de que a liberdade existe, assim como existe para muitos que ajudei a crescer, direta ou indiretamente.

O importante é você compreender que a *sua liberdade não está no tamanho do cheque que recebe, mas no "valor" do cheque.* Quando falo em valor, falo em princípios, não em números. Quanto custa sua liberdade? Para alguns, R$ 5.000 seriam suficientes; para outros, R$ 10.000, R$ 100.000 ou mais. A liberdade não tem um número padrão, mas ela é personalizada para cada um. O número, porém, não é o mais importante. O mais importante é a atitude e o valor da sua liberdade.

Em minhas palestras, digo que as pessoas em geral "*fazem o que não gostam para mostrar o que não são para um monte de gente que não importa!*". Pois é, isso tem uma relação direta com a liberdade. Se você não estiver conectado com sua essência, pode ganhar quanto dinheiro quiser e ainda não será o suficiente. No entanto, se estiver conectado com você, qualquer pequeno resultado positivo o fará livre e o manterá motivado para continuar se libertando passo a passo até conquistar uma plenitude.

Com isso que descrevo, estou dizendo, em outras palavras, que você primeiro precisa entender sua felicidade para, então, conquistar sua liberdade. Ou seja, primeiro você tem que entender o que quer para sua vida, para, assim, saber contra quem lutará para conquistar sua liberdade. Sair fazendo de qualquer jeito ou não fazer nada são erros da mesma proporção e não levarão a lugar algum. Sair fazendo com o "porquê" errado fará com que você provavelmente ganhe muito dinheiro. Por outro lado, jamais terá a sua liberdade. Quanto mais ganhar, mais se escravizará. Você irá mudar apenas o motivo de sua escravidão. No começo, ele poderia ter sido uma dificuldade financeira e, depois, transformou-se no medo de perder. Cuidado!

A conquista da liberdade depende, historicamente, de luta! Não se conquista liberdade sem luta. Um dos exemplos que uso em minha palestra FATOR F é o exército espartano de Leônidas (os 300!), que lutou contra o tirano persa Xerxes, cujo objetivo era escravizar o povo espartano. Leônidas, mesmo com um exército muito inferior, venceu muitas batalhas contra Xerxes, com isso unindo o povo grego que, futuramente, derrotaria Xerxes. E isso foi possível graças a um *porquê* legítimo.

Sua liberdade será conquistada da mesma maneira. Você apenas será livre se definir um *porquê* legítimo e, então, lutar contra tudo e contra todos que queiram te escravizar. Saiba que a atitude certa, aliada ao lugar certo e às pessoas certas, será a fórmula para conquistar e preservar sua liberdade durante o desenvolvimento do seu negócio e enquanto vive a vida.

Entenda que não faço apologia à pobreza, mas sim motivo e inspiro a conquista de uma riqueza abundante e de valor. Já ajudei direta e indiretamente dezenas de pessoas a se tornarem multimilionárias, centenas de pessoas a ganharem mais de um milhão de reais em suas vidas e milhares de pessoas a conquistarem liberdade financeira. Por essa experiência, vejo claramente que a riqueza de qualidade é a riqueza que vale a pena ser vivida, além de ser a mais duradoura e sólida.

COMO CONSTRUIR UM NEGÓCIO GRANDIOSO

Construir um negócio grandioso, sólido e perene, obtendo ganhos expressivos ao longo do tempo, que lhe permitam viver a sonhada liberdade financeira, de tempo, social e familiar, tendo enfim uma vida plena e com sentido verdadeiro e de valor. Parece algo bom demais? Sim, e é algo totalmente possível, quando falamos em termos de Marketing de Relacionamento.

Nas próximas páginas vamos ver com detalhes como fazer isso acontecer também na sua vida. De início, quero apenas dizer que a construção do seu negócio e a conquista da sua liberdade se divide em três fases principais:

1. A fase da estruturação
Momento em você irá criar a base do seu negócio;

2. A fase da consolidação
Quando você começará a coordenar eventos e treinamentos com suas equipes;

3. A fase residual
É quando seus ganhos crescem e se mantêm completamente independentes do que você faz.

Para que essas três fases se realizem com o seu negócio de Marketing de Relacionamento, para que o seu sucesso seja sólido e perene, independentemente de sua experiência ou formação anterior, existem algumas premissas básicas de que você terá que cuidar: entender o negócio, planejar-se e desenvolver as atitudes corretas enquanto desenvolve suas habilidades. Vamos cuidar disso a partir de agora.

Outro ponto a considerar é que você deverá trabalhar com regularidade a sua área motivacional, pois a mesma motivação que você tem para desenvolver o negócio vai servir para motivar as pessoas da sua equipe. E é da construção de boas equipes motivadas e bem orientadas que surge o sucesso do negócio de todos. Portanto, é também fundamental que você faça com que os ensinamentos que está obtendo com este livro não fique somente à sua disposição. Você deve dividi-los com todos os membros de sua equipe.

Se você está começando agora no Marketing de Relacionamento e ainda não conhece o seu negócio, neste livro estou passando para você os pontos que merecem toda a sua atenção e dedicação. Assim você vai poder entender o sistema, fazer o seu planejamento e começar a agir, o que lhe dará ainda mais motivação para construir cada etapa do seu negócio de maneira sólida e lucrativa.

Então, siga os próximos passos. Este é o caminho que o levará ao sucesso e à liberdade desejada.

O PROCESSO DA LIBERDADE

Uma vez entendido o Marketing de Relacionamento e o poder libertador que esse modelo de negócios possui, vamos começar a dar os primeiros passos para conquistar essa liberdade. Não é um caminho fácil, como tudo que é bom na vida, mas é um caminho possível e que vale muito a pena. Se tiver as *atitudes* certas, as *atividades* na intensidade certa, aliadas ao constante desenvolvimento das *habilidades* certas, você conquistará liberdade e sucesso. Perceba algo importante, antes mesmo de começar esse processo: *há momentos em que você irá trabalhar mais do que ganha, para que tenha outros tantos em que ganhará mais do que trabalha!*

Isso apenas ocorrerá, se você fizer da forma certa. Sim, talvez outros modelos de negócios permitam essa mesma relação de trabalho × ganho, mas são bem raros. Milhares de profissões possuem uma relação direta e contínua de trabalho × ganho. Quero dizer com isso que a grande maioria das atividades tem, de forma perene, uma dependência de você. É bem aquele ditado: *é o olho do dono que engorda o boi*. Sim, isso ocorre na maior parte dos negócios e profissões.

Nosso modelo de negócios, o Marketing de Relacionamento, porém permite uma liberdade maior que qualquer outro. Poucos são os negócios que fazem isso. Um exemplo é a indústria de músicas. Um autor/cantor compõe e grava uma música e, por um bom tempo, recebe royalties dela, mesmo que não faça mais nada. Já um dentista, se não atender, não recebe; um engenheiro, se não fizer obras, não ganha; um empresário, se não estiver próximo de seu negócio, também corre grandes riscos.

Falando de empresários, apenas é possível um ganho residual quando existe um plano sucessório e de governança corporativa bastante eficiente. Uma vantagem muito grande do Marketing de Relacionamento é que os planos sucessórios e de governança fazem parte intrínseca do modelo. Naturalmente, ao construir, você encontrará e formará líderes em sua organização que serão seus sucessores naquela equipe. Com isso, você ganha segurança. A governança nada mais é do que regras de convivência entre os sócios, sucessores e gestores. Toda empresa séria possui um manual e um código de normas e de ética que estabelecem essa relação. Sendo assim, sem ter toda a complexidade que exige o mundo corporativo, você tem um negócio que já possui, desde que na empresa certa, sucessão e governança, trazendo ainda mais segurança para seu empreendimento. Isso é parte importante da liberdade. Quantos empresários você conhece que, se parassem de frequentar suas empresas, provavelmente teriam grandes problemas?

Como já comentei, divido a construção do seu negócio e a conquista da sua liberdade em três fases: 1 – Estruturação; 2 – Consolidação; 3 – Residual. Acompanhe no gráfico:

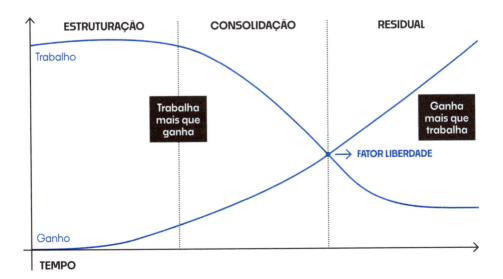

Fases da construção do negócio e conquista da liberdade

Estruturação

Essa será a fase em que você irá criar a base do seu negócio, encontrando pessoas que direta ou indiretamente serão os seus sucessores. O foco aqui está em criar a fundação para poder crescer exponencialmente. Sua grande missão será encontrar construtores. *Um construtor é um empreendedor que tem alta produtividade e baixa manutenção.*

Consolidação

Na fase de consolidação, apesar de você continuar com a busca por mais construtores, você já encontrou alguns. Assim, você começará a coordenar sistemas de reuniões, eventos e treinamentos com suas equipes. A tendência é que você tenha já alguns construtores gerando resultado independente de sua atuação direta.

Residual

Aqui, começa uma parte bastante divertida da vida. Seus ganhos crescem e se mantêm completamente independentes do que você faz no dia. Imagine você dormir e acordar com um volume de negócios maior. Sabe aquilo de ganhar dinheiro enquanto dorme? Sim, existe, e não apenas no mercado financeiro, que é para especialistas. Já vivenciei algumas vezes situações de levar meus líderes para uma viagem e, no meio dela, eles me mostrarem seus volumes aumentando enquanto eles descansavam e curtiam seus prêmios.

Os céticos provavelmente dirão que isso é uma ilusão. Outros, presos nos conceitos antigos, dirão que não existe trabalho sem sofrimento, que é preciso estar ali ao lado para poder crescer. Por isso, muita gente morreu atrás de uma mesa de escritório ou a vida passou e não viveram a vida em vida. O Marketing de Relacionamento é um modelo conectado 100% à nova economia e tem como objetivo que *você viva enquanto trabalha*.

O fator *tempo* na construção do seu negócio é bastante relativo e não existe regra. Mais importante do que o quão rápido você fará esse negócio crescer é com que solidez ele será construído. Há um risco grande sempre que um líder cresce em alguma empresa de forma muito rápida. Muita gente, com mérito e potencial de crescimento, chega a desistir ou a perder a crença em si mesmo nessas horas, achando que por ter mais tempo de negócio e não ter conseguido aquele resultado, o negócio não é adequado para ele.

Cada um tem seu tempo e há tempos diferentes em cada organização. Existem pessoas que captam mais rapidamente o que fazer, outras demoram mais. Existem pessoas que já conquistaram as habilidades necessárias em outras experiências, dentro ou fora deste modelo de negócios, e outras pessoas que precisam de mais tempo para desenvolvê-las. Existem, ainda, pessoas que entram no negócio no momento em que tudo está alinhado e, fazendo apenas o básico e duplicando, crescem de forma bastante acelerada. Eu disse tudo isso para que você e sua organização nunca se esqueçam de que o tempo é relativo, individual e não é o fator mais importante para medir o sucesso de um líder ou de uma empresa. Já vi muitas empresas e líderes de mais rápido crescimento serem os de mais rápida queda.

O mérito para a conquista da liberdade está em ter mais sucesso por mais tempo e não mais sucesso por menos e pouco tempo. Chegar rápido em níveis altos é muito bom, mas mantê-los é fundamental para viver uma vida com sucesso e liberdade.

Uma das coisas que muito me intrigam, apesar de óbvia, é o porquê de queremos conquistar tudo na vida de forma imediata e com menos esforço. Esse é um dos melhores ditados que já li: *nem tudo que é bom é fácil e nem tudo que é fácil é bom!*

O fácil, o difícil, o resultado em menos ou mais tempo, tudo isso é muito relativo. O que mais conta aqui é o *mérito*! O mérito vem do *como* você faz e, na sequência, do *quanto*. O mérito está em *ser* para, depois, *ter*. Há momentos em que se cresce mais rapidamente; em outros, de maneira mais lenta. Há momentos de crescimento e momentos de queda. Lembre que esse é um negócio, um empreendimento e que, como qualquer outro, existem picos e vales. Os vales determinam o nível mais baixo que você chega. Mais do que desejar picos de crescimento constantes, deseje vales crescentes. Isso mostrará a sua tendência de crescimento ou queda.

Este livro tem como objetivo trabalhar fundamentalmente a primeira fase: *estruturação e preparação para o residual*. Da mesma forma que a preparação da fundação de um grande edifício, é a fase mais importante. Quanto mais cuidado você tiver nesse processo, com mais velocidade poderá levantar os andares e ter certeza de que estão firmes.

Se você já desenvolve esse negócio, não se preocupe com o passado. Pense daqui para frente – o que pode reconstruir ou construir novamente com pessoas novas. Tenha em mente que o poder de se reinventar continuamente é tão importante como a decisão que tomou quando decidiu fazer o negócio.

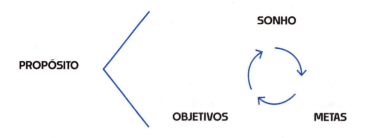

COMO COMEÇAR

Antes de falarmos sobre *o que fazer*, *onde* fazer e *com quem fazer*, é fundamental explorarmos mais *o porquê fazer* o que tem que ser feito.

Temos a tendência de sair fazendo as coisas. Nas minhas palestras, normalmente peço para as pessoas levantarem a mão se souberem responder, em 3 segundos, qual é o seu maior sonho. A imensa maioria não sabe responder.

Devido à falta de habilidade de sonhar ou à perda de conexão com seus sonhos, as pessoas que têm contato com o Marketing de Relacionamento muitas vezes são céticas e acreditam que aquilo que lhe está sendo apresentado não é real. Outras, por sua vez, apertam um gatilho para recuperar o tempo perdido do sonho esquecido e saem fazendo qualquer coisa desesperadamente. Quanto mais fazem, mais distantes ficam de seus reais sonhos.

Quando digo que vamos falar primeiro sobre *o porquê* fazer, esse porquê envolve seus *sonhos* e também *um propósito de vida*. A partir daí é que estabelecemos objetivos e traçamos metas que nos levem para o destino que efetivamente queremos ter, para a vida que queremos viver.

Os próximos capítulos são essenciais para você, caso esteja iniciando no negócio de Marketing de Relacionamento, reiniciando o seu negócio em uma nova empresa ou ainda caso queira acertar alguns de seus procedimentos de modo a conseguir melhores resultados em seu empreendimento.

O mais importante é que você leia com a mentalidade de um autêntico empreendedor do Marketing de Relacionamento. Você precisa visualizar-se desenvolvendo este negócio, não importa se já tenha alguma experiência anterior no mercado ou desconhecimento total dessa ferramenta.

Este deverá ser o seu guia pessoal de sucesso, que você deverá transformar também em um guia para cada membro de sua equipe. Porque, pela característica principal desse negócio, amigos fazem o que amigos fazem, equipes fazem o que seus líderes fazem. E logo todos estarão direcionando esforços na mesma direção, usando este material como um grande guia de sucesso do Marketing de Relacionamento.

A IMPORTÂNCIA DE TER UM PROPÓSITO

Definir um propósito é, para mim, a tarefa mais importante do seu planejamento de vida. Não tenha pressa para encontrá-lo, mas não o deixe de lado.

Tive a experiência de definir meu propósito ao longo de minha carreira e garanto que, depois de fazê-lo, tudo tomou uma forma muito diferente. Os problemas – e sempre teremos problemas – deixam de ser uma ameaça e se tornam desafios. Por isso, acabamos tendo mais força e foco para resolvê-los. O trabalho se torna uma missão e deixa de ser cansativo e estressante. O medo naturalmente passa a se transformar em cautela, as expectativas se transformam em planos e a ansiedade, em ação. As culpas que naturalmente carregamos em nossas vidas convertem-se em responsabilidades.

O propósito de vida é a razão pela qual acreditamos que existimos. Ele está conectado ao legado que queremos deixar. Sem exceção, o propósito liga-se ao externo, ao coletivo, aos outros, e não a nós. Diferentemente dos sonhos, que na maioria das vezes relacionam-se com a nossa própria satisfação, o propósito está ligado a uma marca, a uma mudança que queremos causar na sociedade e nas pessoas. É possível, sim, que tenhamos sonhos conectados ao nosso propósito, mas muitos deles se voltam a nós mesmos, ao nosso próprio conforto e a nossa própria realização.

A ilustração a seguir é bastante conhecida. Eu a utilizo muito em minhas palestras para o entendimento e a definição de nossos propósitos. Facilmente encontrada na internet, ela também nos ajuda a entender quem somos. Em outras obras e palestras, falo mais especificamente sobre propósito. Acho extremamente importante, porém, já passar a você uma noção sobre o assunto, para que possa começar a pensar nisso.

Diagrama de encontro do propósito

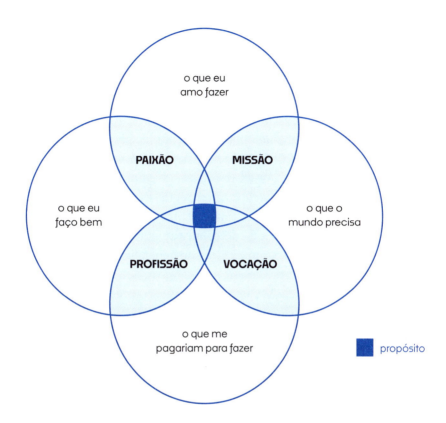

Para muitos, falar de propósito é algo bastante conceitual ou até utópico. Eu, porém, tenho plena convicção de que seu sucesso e sua qualidade de vida dependem fortemente da definição clara e correta de seu propósito.

Um dos maiores erros de profissionais que tiveram muito sucesso nesse negócio, mas perderam tudo o que construíram ou não foram verdadeiramente felizes, é a não definição de seus propósitos.

O Marketing de Relacionamento tem um poder imenso de impactar tanto positiva quanto negativamente a vida de milhares de pessoas. Quando profissionais utilizam esse modelo de negócios apenas com o objetivo de enriquecer a qualquer custo, sem um propósito legítimo, sem valores nem princípios claramente definidos, o estrago é grande.

Isso ocorre não apenas no Marketing de Relacionamento, mas em qualquer negócio. A diferença é que mexemos muito com os sonhos das pessoas, com a vida delas e com suas reputações. No nosso negócio, as pessoas se colocam à frente de uma causa maior e acabam se expondo para família e amigos. Elas dão suas palavras a seus contatos e utilizam toda sua credibilidade e sua própria história. Por isso, desenvolver o negócio pensando apenas em benefícios pessoais pode destruir sonhos, famílias, amizades e até vidas.

Definir um propósito legítimo irá ajudá-lo a obter sucesso de forma mais sólida e a impactar positivamente a vida de milhares de pessoas, além de contribuir com a mudança do mundo para melhor.

Pense bastante nisso. Coloque o negócio em seu coração. Sim, aqui você pode fazer isso, desde que esteja na empresa certa e com as pessoas certas. Se tem essa certeza, entregue-se.

Grande parte dos líderes mais admiráveis da nossa indústria, aqueles que obtiveram sucesso com solidez e qualidade, fizeram-no com um propósito maior do que apenas se autobeneficiar. O Marketing de Relacionamento é um negócio com um sentido maior do que simplesmente fazer dinheiro. Nele, seu sucesso significa o sucesso de sua equipe e a satisfação dos consumidores que vocês atendem.

SONHO E MENTALIDADE

Geralmente, o exercício mais prático e simplista para definir seus sonhos é pensar no que se quer ter: um carro de luxo, uma casa grande e confortável, viagens e muitas outras coisas. De forma imediata, como o preparo de um macarrão instantâneo, as pessoas vão escrevendo sonhos, recortando fotos de revistas e fazendo seu quadro dos sonhos. Porém é preciso cuidado ao desenhar seus sonhos. Porque pior do que não sonhar é sonhar sonhos errados ou sonhar sonhos com motivos errados.

Para usufruir o poder libertador do Marketing de Relacionamento, é fundamental que você sonhe os sonhos certos. Sim, existem sonhos certos. Os sonhos certos são os seus sonhos, não os sonhos que a sociedade impõe para você. Sonhar abundância para seu conforto e não para provar algo a alguém. Digo sempre que *às vezes, compramos coisas que não queremos, para mostrar quem não somos, para um monte de gente de quem não gostamos!*

O porquê pelo qual você irá desenvolver esse negócio deve vir de dentro de você e não de fora. Primeiramente, você deve se conectar com sua essência. Saber quem você realmente é, entender você mesmo e se conhecer. A partir daí, ser você mesmo, tentando ser melhor todos os dias. Um dos maiores poderes libertadores desse negócio é você poder ser você mesmo! *Ser*, para depois *ter*, por mais clichê que isso possa parecer.

Não há qualquer problema em ter abundância ou luxo, desde que eles sejam para o seu conforto e o de sua família. O Marketing de Relacionamento permite abundância, mas, para que ela seja saudável, você primeiro tem que se libertar do seu passado. Você precisa fazer as pazes com ele, com suas frustrações e com os preconceitos que foram colocados em sua mente. É necessário fazer um processo interno de libertação para sonhar os sonhos certos e, então, sonhar grandes e pequenos sonhos.

Nossa personalidade começa a ser formada desde que somos pequenos. Vamos ouvindo e experimentando coisas que, no futuro, tornam-se padrões mentais. Tais padrões, se não forem administrados ou até mesmo corrigidos, podem virar uma grande armadilha para seu sucesso, sua felicidade e, principalmente, para sua liberdade. São padrões que incluem pensamentos como "eu não tenho direito de ter ou de ser tudo isso" ou "vou provar o meu valor para o mundo". Esses padrões se tornam crenças limitantes que evitam a conquista do que merecemos, ou fazem com que conquistemos coisas erradas, ou, ainda, que não saibamos valorizar as coisas certas. Em todos os casos, perdemos o valor das conquistas.

Um dos primeiros passos para sonhar os sonhos certos é você se libertar dos julgamentos dos outros. Você deve ser um pouco egoísta nesse momento e sonhar para você, sonhar os seus sonhos, ainda que seus sonhos beneficiem outras pessoas. Esqueça as frustrações do passado, esqueça o julgamento dos outros, pense em você.

Já fui julgado por ter alguns sonhos e também já fui tentado a sonhar o sonho dos outros. Quando vivi no Chile, sonhei em ter um carro, o Uplander, mesmo com todos achando que ele era feio. Comprei o carro e, claro, caçoaram de mim. De fato, o carro era feio, mas o motivo de tê-lo escolhido foi dar conforto à minha família e aos amigos, já que o carro era espaçoso e excelente para passear com quem viesse nos visitar. Eu não estava preocupado em mostrar meu sucesso ou provar nada para ninguém. Queria curtir minha família, que era um dos maiores impulsionadores da minha felicidade. Com o mesmo valor que paguei pelo Uplander eu poderia ter comprado um carro esportivo de última geração. No entanto, não era o que importava para mim. Não digo com isso que sonhar com um carro esportivo seja errado. Se seu sonho é ter um carro esportivo para curtir o conforto e a velocidade, você não está errado. O errado é sonhar com o que todos sonham e isso não estar conectado com você.

Para sonhar, você precisará fazer um exercício bastante disciplinado. É necessário limpar sua mente de tudo e de todos. Esvaziar os conceitos que foram colocados em você e pensar livre de julgamentos externos e internos. Mesmo os nossos próprios julgamentos internos não nos pertencem. Eles são conceitos que nos foram passados e, por isso, não são realmente nossos.

Pense e sonhe sem limites. Você não paga para sonhar. Sonhe sonhos possíveis e também sonhos "impossíveis". O impossível, hoje, só é impossível porque você não tem no momento as condições de realizá-lo. Esse negócio poderá, amanhã, tornar possível o impossível de hoje.

Sonhe também sonhos pequenos, sonhos de curto prazo. Eles trilharão o caminho para que você realize os sonhos grandes. Por outro lado, não sonhe *apenas* sonhos pequenos, nem *apenas* sonhos grandes. Sonhe muitos sonhos, grandes e pequenos. Sonhe todos os sonhos que puder.

Escreva esses sonhos, defina-os, detalhe-os, exemplifique-os, ilustre-os. Ao escrevê-los, busque imagens que os definam. Coloque as imagens em um mural, criando o *seu* quadro dos sonhos – sonhos conectados com você. Se preferir, faça uma pasta no celular ou no computador. Eu coloco meus sonhos na tela de proteção do celular. O objetivo é que você não se esqueça deles. Lembre-se sempre de seus sonhos. A tendência normal que temos é deixar os sonhos de lado e focar apenas no dia a dia. Com o tempo, esses sonhos vão se apagando e acabamos por não os realizar.

Uma atividade bastante interessante também é conhecer o seu sonho de perto. Isso ajuda muito. Por exemplo, se você sonha com uma casa, pense em que cidade e bairro você gostaria de tê-la, visite o local, pense em qual rua você gostaria de morar, veja as casas que estão à venda, entre nelas, pergunte o preço. Se você quer construir uma casa, pense quantos quartos ela teria, como seria a sala ou as salas, como seria a cozinha, qual espaço dela seria seu canto mágico. Teria piscina, não teria? Churrasqueira? Pense nos detalhes, use sua imaginação. Descreva-a com facilidade. O simples ato de pensar começa a materializar seus sonhos. A mesma coisa vale com um carro dos sonhos. Visite uma concessionária, entre no carro e, se possível, faça um *test drive*.

Fique atento a esse exercício. É bem possível que seu sonho não seja uma casa ou um carro. Ele pode ser uma experiência, como uma viagem ou uma nova formação acadêmica. Seu sonho pode, ainda, estar ligado à forma como você quer ser visto, não simplesmente como uma prova de quem você é, mas pelo legado que quer deixar. Sempre sonhei em escrever meu primeiro livro. Este livro aqui, aliás, que escrevo agora, também já foi um sonho.

Sonhe com o que gostaria de ter, como gostaria de viver, quem você quer ser e, especialmente, sonhe com quem quer realizar os seus sonhos.

Como já mencionei, os sonhos pequenos também são muito importantes. Por exemplo: se você ainda não tem nenhum carro e seu sonho é ter um carro luxuoso, sonhe inicialmente com um primeiro carro, talvez não tão luxuoso, e esse irá levá-lo para o próximo. O mesmo acontece com uma casa. Se seu sonho é morar em uma mansão, mas você ainda não possui casa própria, foque primeiramente em conseguir adquirir uma casa. Será ela que o levará para a realização de sonhos maiores.

Tudo é um processo. A vida é um processo de evolução contínua, passo a passo. O interessante é que quanto mais você realiza, mais se sente estimulado a continuar. O seu bem-estar, quando conquistado, trará conforto e será um impulso para sua evolução constante.

Há muita coisa maravilhosa no mundo para ser desfrutada. Não há nada de mal em querer sempre mais e mais, em desejar além do mínimo necessário. Você pode ter o melhor, você merece o melhor. Para usufruir disso tudo, porém, é preciso garantir que as coisas fluam bem e cheguem até você.

Vivemos em um mundo abundante e merecemos essa abundância. Aqui vem a diferença mais importante entre ser ambicioso e ser ganancioso. Ambição é uma qualidade e não se refere apenas a coisas materiais. Ambição é querer mais. Ganância, por sua vez, é um defeito, e, como todo defeito, nada mais é do que uma virtude exacerbada. No caso da ganância, a virtude exacerbada é a ambição. A ganância, portanto, é o exagero da ambição. Uma pessoa gananciosa é aquela que deseja tudo apenas para si, que quer o que o outro tem simplesmente pelo "ter", mesmo que aquilo não faça nenhum sentido para ela.

Sonhar da forma certa e com a mentalidade certa é fundamental para se viver bem, e um dos segredos para a construção de algo grandioso é exatamente se viver bem para, então, querer fazer o bem.

EXISTE MOMENTO CERTO PARA ENTRAR NO NEGÓCIO?

Muita gente fica na busca da grande tacada, da grande oportunidade. Sinceramente, já vi muitos criarem expectativas altas por quererem ser um dos primeiros a entrar num novo negócio. Sempre que chega uma empresa nova no mercado, muitas pessoas se encaminham para ela. Essa debandada, no entanto, é temporária, de curto prazo e, normalmente, seguida por uma debandada para a próxima empresa "bola da vez".

Nós, seres humanos, queremos sempre encontrar as grandes oportunidades e dar o tiro certo. O problema é que tem muita gente que cria expectativas, vai para um novo projeto e trabalha até perceber que precisa de muito mais tempo para ter sucesso. Com isso, acaba se frustrando e sai. Os grandes líderes do mercado conquistaram liberdade por meio da constância, do trabalho duro e da persistência. Há, sim, os que tiveram sucesso repentino, mas a queda foi igualmente rápida.

Não há momento certo para entrar em uma empresa que opera com o modelo de Marketing de Relacionamento. *Há trabalho e atitudes certas.* O fator determinante para se começar um projeto é a identidade do negócio aliado ao modelo comercial, com o qual é preciso se identificar. Não se trata de movimento de massas ou de ficar buscando líderes de outras empresas ou, ainda, de querer arrastar sua equipe de uma empresa para a outra. Isso não é eficiente. Até pode gerar resultados rápidos, mas não garante longevidade e tem um preço alto a ser pago.

Nas oito *startups* em que realizei em minha carreira, comprovei que, desde que se tenha as habilidades e as atitudes certas da gestão e da liderança, são necessários mais de 3 anos para se ganhar *momentum* – ou seja, para obter um crescimento muito além do seu esforço direto. Mesmo assim, isso não significa que ao entrar em uma empresa que já esteja vivendo *momentum* o seu sucesso estará garantido.

Seu sucesso depende 90% de você e 10% do ambiente em que está. Você pode estar no lugar certo e no momento certo. No entanto, se não fizer muito bem a sua parte, nada irá acontecer. Já vivi momentos no início de algumas empresas nos quais os cadastros foram extremamente numerosos; porém, desses, poucos tiveram o discernimento de ficar. Em outras situações, estávamos vivendo um *momentum* incrível e, mesmo assim, poucos se destacaram em comparação à quantidade de novos empreendedores. Isso nada tem a ver com a afirmação extremamente equivocada de que "o sucesso é para poucos", mas sim com a habilidade de se relacionar com as pessoas. O relacionamento é a base desse negócio e, na verdade, de todos os negócios. Quem tem e desenvolve essa habilidade é aquele que mais se destaca. Quem tem as atitudes certas para se relacionar com as pessoas, além das atitudes certas para empreender é quem realmente conquista o sucesso. *O sucesso é para todos que merecem!*

Há momentos em que as pessoas colocam tudo em risco simplesmente para dar a grande tacada. Querem arrebanhar pessoas de uma organização para outra e, infelizmente, o sofrimento é maior que os resultados. Geralmente, o resultado vem com o tempo e de onde você menos imagina. Cuidado para não cair na armadilha de tomar decisões impulsivas. Seu sucesso também é formado pelas decisões que você toma e ele nada tem a ver com o momento certo de entrar em um negócio. O que importa é o que você desenvolve e como faz isso. Quando se trata de relacionamentos, seu maior patrimônio é sua reputação, e ela é feita por suas escolhas e atitudes. Fique atento às suas decisões e como as coloca em prática. Ainda que esteja em um negócio e decida partir para outra oportunidade, faça isso com calma, gratidão, respeito e ética. As pessoas que se identificam com você e com o novo projeto para onde está indo provavelmente irão também. E farão isso por sua causa, por quem você é. Por isso, nunca fale mal do negócio anterior ou das pessoas que estavam lá.

Para os que nunca desenvolveram o Marketing de Relacionamento, o momento certo de entrar é aquele em que você está disposto a trabalhar para conquistar sua liberdade e a investir energia e tempo por algo maior.

VEÍCULO E ATITUDES

Um dia, em uma entrevista, pediram-me sete dicas para realizar os sonhos em um ano novo. Lembro-me de que, apesar de não gostar de fórmulas mágicas, consegui definir com certa facilidade as sete dicas. Tudo começou com a primeira. Sonhar. Queremos receitas prontas para realizar tudo, mas não nos damos conta de que o mais importante é saber o que queremos realizar. Saber o que sonhamos e definir sonhos legítimos são os primeiros passos para realizá-los. Como disse nas páginas anteriores, a maior parte das pessoas não sonha ou sonha sonhos errados.

A segunda dica que dei foi *conhecer o veículo certo*. Muitas vezes, mesmo sonhando os sonhos certos, acabamos utilizando o veículo errado para realizá-los. Esse veículo pode ser errado tanto pela atividade quanto pelo negócio. Temos que ter muito claro que há o momento de plantar, o momento de cuidar e de esperar e, finalmente, o momento de colher. A maior parte das vezes, principalmente quando estamos desconectados com a realidade, queremos realizar sonhos de forma instantânea. Tudo que é sólido e perene leva certo tempo para acontecer. Isso não quer dizer que as coisas tenham que ser demasiadamente demoradas, mas geralmente, é preciso sim algum tempo para colheremos bons frutos.

UMA ÁRVORE NÃO DÁ FRUTOS ANTES DO SEU TEMPO

Esperar faz parte do sucesso e da realização. O que não se deve fazer é esperar com o veículo errado. O Marketing de Relacionamento é, sem dúvidas, uma das melhores ferramentas para a realização de sonhos. Para mim, a melhor. É plenamente possível realizar qualquer sonho por meio desse modelo de negócios. Diferentemente do mercado tradicional, como empregado de empresa privada ou pública, no nosso negócio você ganha por meritocracia. É preciso fazer por merecer. Na maioria dos negócios próprios, como dito anteriormente, você mais paga do que recebe, os lucros são limitados e não nos permitem realizar grandes sonhos. O Marketing de Relacionamento, desde que desenvolvido na empresa certa, é um veículo extremamente interessante para a concretização de tudo o que você sonha viver.

Definidos os sonhos e o veículo, o próximo passo são os objetivos. É importante que esses objetivos sejam específicos, mensuráveis, temporais, possíveis e, ao mesmo tempo, desafiadores. Normalmente, os empreendedores colocam os títulos como objetivos – títulos de graduação, atingidos com o aumento do negócio, com sua manutenção ou, ainda, com sua recuperação. O título determina, portanto, o patamar do negócio em que você se encontra naquele momento. O título seguinte é para onde sua atividade bem-sucedida irá levá-lo.

Não há qualquer problema, e tenha isso bem claro, em dar passos para trás em algum momento do negócio. Haverá períodos de crescimento, outros de retração, de recuperação e, novamente, períodos de avanço. Saber definir claramente os seus objetivos é fundamental, da mesma forma que saber lidar com os momentos de altos e baixos. Diferentemente de um emprego tradicional, em que uma promoção de cargo não tem volta, no Marketing de Relacionamento você poderá ter volumes de negócio diferentes ao longo da construção. Isso não é falta de mérito e nem um problema.

Seu sucesso sempre será fruto de sua evolução profissional e também de sua evolução pessoal. Isso quer dizer que a queda de seu volume de negócios não será um problema se você estiver, por outro lado, evoluindo em habilidades, em atitudes e até mesmo em consistência de equipe.

Já vi grandes líderes, que ganharam bastante dinheiro ao longo do tempo, terem seus negócios reduzidos a zero. Esse fato, porém, em nada os impediu de crescer novamente e de maneira sólida, inclusive na mesma empresa. É falsa a ideia de que eles reconstruíram o negócio do zero. Zero era apenas o volume de negócios. A maturidade desses líderes estava muito além de qualquer volume. Eles reconstruíram sim, mas não do zero. Agora, de um outro patamar. Nesse negócio, haverá momentos em que seu volume de negócio não representará quem você verdadeiramente é.

Os objetivos servem para medirmos avanços e colocarmos energia no próximo passo. Eles devem ser claramente definidos e avaliados de tempos em tempos. Parece óbvio, mas muito mais importante do que atingir um objetivo é *ter um objetivo*. Atingi-lo ou não é outro ponto. Saber para onde se quer ir é um passo fundamental para o sucesso. Mais ainda, ter a atitude certa para lidar com os objetivos é igualmente importante.

No início, é interessante definir seus objetivos por ano, analisando-os de trimestre em trimestre (ciclos de 90 dias) e, então, mês a mês. Uma vez feito isso, você poderá dividi-los em metas de curto prazo – semanais e diárias.

Em meus livros, vídeos e palestras falo de um dos elementos do *quarteto da felicidade*, a dopamina. Trata-se de um neurotransmissor responsável pela motivação. Sempre que falamos de motivação, pensamos em pessoas gritando "Eu posso!" ou "Eu consigo!". De fato, isso ajuda a animar. No entanto, sem planejamento, a motivação vira apenas euforia. A verdadeira motivação existe com um *motivo* para a *ação*, seguido de um plano de ação, com um passo a passo do que fazer dia a dia, semana a semana, mês a mês.

Esteja certo de que para começar ou recomeçar esse negócio de forma correta, é preciso se planejar de maneira eficiente. As metas estão totalmente ligadas à ação. Enquanto os objetivos definem aonde você quer chegar, as metas mostram as atividades necessárias para se alcançar esses objetivos. Defina suas metas juntamente com as atividades que fará diariamente e semanalmente. Na sequência, pense na intensidade, no ritmo que dará a tais atividades.

Uma das formas que utilizo com sucesso para definir minhas metas é fazer, às segundas-feiras, minha *"to do list"* – lista de coisas a serem feitas na semana. Todos os dias, pela manhã, reviso as metas, analisando o que já fiz e o que ainda não fiz. Reorganizo as atividades, muitas vezes elimino algumas tarefas e, se necessário, defino novas metas. É muito comum definirmos atividades que se mostram desnecessárias ao longo do tempo. Por isso, saber se livrar dessas atividades é tão importante quanto definir novos afazeres.

Nesse negócio, grande parte das metas está relacionada a falar com pessoas, tanto em primeiros contatos como no acompanhamento de contatos já realizados. Posteriormente, darei algumas dicas importantes sobre as atividades necessárias para se conquistar sucesso no negócio.

No final desse livro, preparei uma ficha/guia de planejamento para ajudá-lo a definir seus sonhos, seus objetivos e suas metas.

Para realizar sonhos, não basta sonhar. É preciso acreditar, planejar e agir.

POR ONDE COMEÇAR: SIMPLES ASSIM

Pense sempre em seu negócio de forma simples, mas nunca simplista. Temos a tendência de querer simplificar demais ou complicar demais. O caminho do meio é o correto. Quando você começa a contatar as pessoas de sua lista, sempre irá se deparar com algumas que você nem imagina como abordar. "Será que o foco com ela deve ser o produto ou a oportunidade?" O melhor a fazer, nesses casos e praticamente em todos, é uma aproximação e a tentativa de um encontro. Nunca julgue um contato, pensando que "aquele" jamais compraria o produto ou faria o negócio. Os resultados virão quase sempre de onde menos se imagina.

Aqueça os contatos, aproxime-se, marque encontros e estreite as relações. Desse estreitamento natural surgirá a oportunidade de você apresentar o que tem ou, em outros tantos momentos, de receber indicações preciosas para seu negócio. Pessoas que não queiram desenvolver o negócio momentaneamente ou mesmo em definitivo poderão indicar outras que tenham o perfil. Como já comentei, isso manterá sua lista crescente e ativa.

Na verdade, em um primeiro momento, basta se relacionar com pessoas, manter e aquecer esses relacionamentos, dando os passos certos rumo à efetivação de vendas e cadastros. Mesmo depois disso, o relacionamento constante e saudável gerará resultados de curto, médio e longo prazo.

Regra fundamental a considerar: *o dia em que você parar de se relacionar com consumidores e empreendedores, atuais e novos, seu negócio irá morrer.*

Por isso, é importante conhecer profundamente cada passo da criação e aquecimento dessas relações. São eles:

1. Prepare-se
2. Faça sua primeira lista

3. Qualifique a lista
4. Contate / Convide
5. Encontre / Apresente
6. Acompanhe
7. Duplique

Vamos estudar com detalhes cada um desses passos.

PRIMEIRO PASSO: PREPARE-SE

O primeiro passo para começar é não fazer nada! Estranho, não é? Mas é a verdade.

Um dos maiores erros das pessoas que começam nesse mercado é sair fazendo de qualquer jeito. Como tudo na vida, temos que tomar a decisão, respirar fundo e fazer o mínimo de planejamento antes de sair falando com todos de forma desesperada. *O tempo é nosso recurso mais precioso da mesma forma que nossos relacionamentos são nosso maior patrimônio.*

Gosto muito de metáforas e penso sempre em uma quando falo de nosso negócio. Um relacionamento amoroso tradicional normalmente passa por algumas fases: flerte, aproximação, conquista e, finalmente, o namoro. O Marketing de Relacionamento funciona da mesma forma: primeiramente é preciso conquistar consumidores e novos empreendedores para, com o tempo, consolidar esses relacionamentos, estreitá--los e preservá-los.

Como é que você quer sair falando de algo que não conhece? Todas as empresas possuem uma grande variedade de informações a respeito de seus produtos, serviços e negócios, além de dados institucionais. Muitas possuem, ainda, programas de treinamentos estruturados. E, geralmente, quando a empresa não tem esses treinamentos, os próprios empreendedores os desenvolvem.

É importante entender minimamente sobre os produtos. Não é necessário se tornar um especialista para começar, mas você deve, sim, conhecer o mínimo. Apoie-se nos materiais da empresa, catálogos, folhetos e vídeos para ajudá-lo nos primeiros contatos. Use os produtos. Seja produto do produto. Oferecer algo que você utiliza *trará naturalmente muito mais credibilidade a você*. Seja honesto também. Se não usa, não minta. *Bons relacionamentos são isentos de mentiras.*

Assim que você souber o básico sobre os produtos e o negócio, poderá começar a falar com as pessoas. Para dar os primeiros passos, também é preciso se planejar.

Existem centenas de processos por aí que falam de uma infinidade de passos. É claro que precisamos de algo estruturado para seguir, mas nunca gostei de me prender ao processo e sim à essência. Quando se trata de planejamento, prefiro que você entenda *o porquê* de fazer algo do que simplesmente sair fazendo. Quando trabalhei em desenvolvimento de sistemas de TI, ficou muito claro para mim que automatizar um processo errado é jogar tempo, dinheiro e oportunidades no lixo. Por mais que existam sistemas perfeitos, quero que você primeiro pense comigo na essência de por que fazer cada passo para, então, automatizá-lo.

Como o nosso negócio é Marketing de Relacionamento, a primeira coisa que você deve ter é a habilidade de se relacionar com pessoas. Não é algo fácil. Na verdade, é uma habilidade que iremos aprimorar eternamente. Para nos relacionarmos com primazia, precisamos entender as pessoas e nós mesmos também. Calma! Não estou dizendo que você terá que se formar em Psicologia para começar, mas tenha claro que é muito importante desenvolver constantemente essa habilidade. Mais para frente, darei algumas dicas sobre o assunto. Nesse momento, porém, saiba que o ideal é começar com as pessoas com quem você já tem contato. A família próxima e os amigos mais íntimos, no entanto, nem sempre se mostram a melhor opção, já que, muitas vezes, por falta de conhecimento e de perfil, criticam sua decisão e podem abalar a sua crença.

Nosso negócio depende do relacionamento constante com pessoas que já conhecemos e também com novas pessoas. Por isso, manter uma lista crescente de contatos é a chave de sucesso. Todos os dias, você se lembrará de pessoas que conhece e também conhecerá outras, tanto por intermédio de seus amigos e conhecidos como por conta própria.

SEGUNDO PASSO: FAÇA SUA LISTA INICIAL

Esse passo se aplica, na verdade, a todo tipo de negócio. No filme À *procura da felicidade*, Will Smith entra como estagiário em uma empresa de investimentos e a primeira coisa que o gerente faz é entregar a ele uma lista de *prospects*. No decorrer da história, ele acaba sendo o único a ser efetivado na empresa. E isso acontece porque ele demonstra um interesse legítimo em se relacionar com as pessoas, além de possuir muita persistência e constância em suas ações. Esse filme é uma grande lição para todos nós.

Relacionar-se com pessoas, portanto, é fundamental. Por isso, assim que você passar a entender minimamente o negócio, faça uma lista com o nome das pessoas que conhece. É o ponto de partida. Escreva todos os nomes: pessoas que estudaram com você, que trabalharam ou trabalham ainda ao seu lado, vizinhos, família, conhecidos do bairro, pessoas que frequentam sua academia, amigos de amigos que conheceu em reuniões, festas, encontros, entre outros tantos. Escreva todos os nomes em um papel. Tenha sempre a lista com você para que possa ir agregando nomes ao longo dos dias.

TERCEIRO PASSO: QUALIFIQUE SUA LISTA

Uma vez escrita, comece a qualificar a lista. Entenda que você tem dois objetivos principais: vender produtos e compartilhar a oportunidade.

A base de tudo deve ser o consumidor e, de fato, a grande maioria das pessoas se interessa primeiro pelo produto. Muitas, a partir do consumo ou simplesmente após conhecer os produtos, desejarão também conhecer o negócio. Lembre-se sempre de que manter uma lista quente de consumidores ativos é *uma chave de sucesso importante* para você e para sua organização.

Por outro lado, você não pode pensar apenas nos consumidores. Haverá diversas pessoas em sua lista crescente de contatos que irão se interessar em desenvolver o negócio também. E é isso que, futuramente, criará a sua renda residual. É um processo de construção. Da mesma forma, focar apenas nas pessoas que queiram fazer o negócio pode prejudicar a sua recuperação de investimento. Além disso, pode queimar contatos que, talvez, consumiriam primeiro os produtos para depois se interessarem pelo negócio. Mesmo que um contato direto seu não queria conhecer nem o produto nem o negócio, ele certamente terá alguém no ciclo de relacionamento dele que poderia se interessar por um dos dois, ou pelos dois. Por isso, é tão importante fazer uma lista sem julgamentos e equilibrada, com potenciais consumidores e também empreendedores.

Para qualificar a lista, anote ao lado de cada nome a letra "P" para potenciais consumidores interessados inicialmente nos Produtos, e "O" para potenciais conhecidos que se interessariam pela Oportunidade de Negócios. Assim que qualificar sua lista, é hora de priorizar os contatos com os números 1, 2, 3, sendo 1 o que você supõe ter mais interesse, e 3, menos interesse.

Atenção! Ao qualificar a lista, fique atento a um fator muito importante. Não priorize os nomes baseado nas pessoas com quem você se sente mais seguro em conversar, mas sim naquelas que têm mais perfil para o produto ou para oportunidade. Digo isso porque normalmente vamos pelo caminho mais "seguro" e, muitas vezes, ele é o mais perigoso.

Você já reparou que nossa família, em muitos momentos, é a primeira a nos desencorajar em uma iniciativa pessoal ou profissional? Quando você se inscreve em uma academia, por exemplo, a família, em um almoço de domingo, logo diz: "de novo vai dar dinheiro para o dono da academia?". Você se inscreve, não vai e ainda acaba virando piada na frente de todos. Quando fui contratado como Gerente de Operações na minha primeira *startup*, ouvi comentários e risadas do meu pai e dos meus irmãos dizendo que iria fazer *pirâmide* e que era gerente de mim mesmo porque não tinha funcionários.

Pense assim: vendedores de seguro não se sustentam vendendo seguro para a família, da mesma forma que médicos e advogados também não vivem de atender a família. Aliás, acabam até sendo explorados por ela, de tanto favores que precisam prestar. Então, por que o seu negócio precisaria impreterivelmente da família? Deixe para mostrar a oportunidade para família mais tarde, a menos, claro, que tenha alguém realmente com muito perfil.

Outro ponto são os amigos. Muitas vezes, você irá falar com um amigo sobre a oportunidade e ele logo dirá: "Puxa, caiu nessa. Conheço várias pessoas que tentaram esse tipo de negócio e se deram mal".

Esteja preparado para tentativas de desencorajamento ao longo de sua construção. Aquela história "de que quem avisa amigo é" nem sempre é verdade. Há momentos em que os amigos e a família tiram conclusões simplistas e saem falando sem pensar. Apenas uma ressalva: muitas vezes, a intenção dessas pessoas é sincera, mas as consequências dos palpites são desastrosas.

Uma pessoa que tem perfil para o negócio, seja da família ou não, tem uma ou mais destas características:

- Arrojada;
- Gosta de fazer negócios;
- Tem espírito empreendedor;
- É sonhadora, ambiciosa;
- Deseja algo a mais para a vida;
- Além disso, é trabalhadora, realizadora, visionária, ativa, otimista, positiva, humilde, perseverante, paciente e, claro, gosta de se relacionar com pessoas.

Já uma pessoa que não tem o perfil para o negócio, seja da família ou não, tem uma ou mais destas características:

- Preguiça;
- Falta de educação;
- Negativa;
- Sem paciência;
- Acomodada, reclama de tudo, não arrisca, e, claro, não gosta de se relacionar com pessoas.

O fato de ter ou não tempo para desenvolver o negócio é um detalhe. *Quando queremos muito alguma coisa, encontramos tempo*. Ter ou não dinheiro para investir no negócio também é irrelevante. *Quando queremos algo, encontramos os recursos necessários*. A qualificação está na atitude e não nos recursos. Não estamos falando de buscar quem tem ou não dinheiro ou quem tem ou não tempo sobrando. *Trata-se de buscar quem tem vontade!*

QUARTO PASSO: CONTATE E CONVIDE

Ao ter a sua lista pronta e qualificada, o próximo passo é estreitar o relacionamento com as pessoas que você priorizou com o número 1, tanto para o produto como para a oportunidade. Há "segredos" propagados nesse mercado que, na minha opinião, já não servem mais. Vejo nosso negócio como qualquer outro. Com exceção de alguns gerentes de banco, que apenas nos ligam para empurrar uma capitalização ou um seguro de vida, todo e qualquer profissional depende de relacionamento para desenvolver seu negócio. Um bate-papo, uma proximidade maior, uma reunião, tudo isso é muito importante. A pressa é inimiga da perfeição. *Em vez de ter desespero, tenha senso de urgência e constância em cada etapa do relacionamento.*

Procure utilizar o mesmo meio em que você já se relaciona com aquela pessoa para fazer o primeiro contato. Seja natural. Seja você mesmo.

Antes de sair falando, analise qual é a melhor forma de contatar cada *prospect*. Você provavelmente terá pessoas em sua lista para quem não liga nem manda mensagem no celular há muito tempo. Sua interação com ela se limita a curtidas em fotos nas mídias sociais. Nesse caso, o melhor contato com ela, talvez, seja pelas próprias mídias sociais. Para outras, com quem já fala mais vezes e por aplicativos de celular, o contato deve ocorrer desse mesmo jeito.

Cada vez menos as pessoas atendem ao telefone. Por outro lado, tem gente que só gosta de falar ao telefone. O meio de comunicar é tão importante quanto o que será comunicado.

Você não irá fazer negócios pelo telefone, pois não é operador de telemarketing, graças a Deus (com todo respeito, mas é uma atividade sofrida tanto para quem liga como para quem atende). O seu foco é desenvolver a habilidade de se relacionar com pessoas.

Nos primeiros contatos, diga apenas um "olá, como vai?". Deixe a pessoa responder. Aliás, toda a evolução da conversa depende muito dessa naturalidade. Há muita gente que liga e sai falando tudo que precisa falar quase que como uma invasão. Se quiser queimar um contato ou destruir uma amizade, vá por esse caminho. Não seja o chato da vez. Continue com mensagens como "Quanto tempo! O que tem feito da vida?". A pessoa normalmente responde com outra pergunta: "E você?". Está aí uma boa deixa para você ir se aproximando e reaproximando contatos. *Perceba que a vontade de manter um bom relacionamento deve ser maior do que a de ganhar dinheiro com seu contato.*

À medida que a conversa flui, veja a oportunidade de marcar um encontro, café, almoço, jantar, visita para colocar o papo em dia. O objetivo tem que ser este: encontrar seu contato pessoalmente. O encontro "aquece" o contato.

Existem, sim, alguns poucos contatos com quem você pode falar do negócio direto pelo telefone. Por exemplo: com alguém que já desenvolveu um negócio semelhante. Diga que entrou em um negócio que tem a *cara* da pessoa e que gostaria muito de que ela o conhecesse. Antes de sair falando do negócio, converse um pouco e sinta se vale a pena falar do negócio naquele momento.

Outra opção com quem já fez o negócio é ligar e pedir, com todo cuidado, alguns conselhos e dicas, já que a pessoa tem experiência e você está entrando num novo negócio. Já fiz ótimos negócios dessa maneira, com a própria pessoa ou com outras que ela indicou a partir de nossa conversa.

O importante é ter consciência de que a base desse processo todo é o relacionamento. Não se trata de uma corrida desenfreada para sentar na frente das pessoas, *vomitando* informações. Aliás, esse foi um dos grandes erros de muitos profissionais que falharam ou demoraram mais tempo que o necessário para crescer no Marketing de Relacionamento.

Ao conversar com seu contato, é fundamental marcar um encontro com data, hora e local. Caso contrário, será apenas mais um tradicional "passa lá em casa", sem nem saber onde a casa fica.

QUINTO PASSO: ENCONTRE E APRESENTE!

É fato que as pessoas que mais têm sucesso nesse negócio são as que mais apresentam os produtos e a oportunidade. Também é verdade que aquelas que fazem isso desesperadamente acabam trabalhando mais do que deveriam. Marcar encontros surpresa pode até gerar algum resultado, se feito em grande quantidade. Essa prática, no entanto, queima contatos que, em um outro momento, poderiam dar resultados positivos. Não é o tanto que se faz que gera resultado, mas *o que* e *como* isso é feito. Não é apenas quantidade a qualquer custo, mas quantidade com QUALIDADE!

Seu objetivo tem que ser a realização do maior número de apresentações com qualidade. Tempo é dinheiro, literalmente. A utilização de seu tempo de forma positiva é crucial para seu sucesso. Grande parte das pessoas inicia o negócio em tempo parcial, ou seja, o tempo é escasso e é preciso utilizá-lo com sabedoria. Use todo o tempo que dedicar a esse negócio para marcar encontros/apresentações, realizá-los e fazer o acompanhamento.

Existem vários tipos de apresentações e cada uma tem o seu propósito. Há pessoas que precisam de mais que uma apresentação para tomar a decisão de desenvolver o negócio com você. Algumas se decidem na primeira. Não há uma regra nem um perfil específico para isso. São tantos fatores que podem influenciar que fica difícil criar uma regra. Eu, particularmente, não acredito em regras quando se trata de Marketing de Relacionamento, até porque não há regras para um bom relacionamento. Existe, sim, um processo de conquista. Um relacionamento é bom quando os dois lados percebem que têm algo a agregar.

Nas *apresentações de negócio*, é fundamental você entender, sempre que possível, o momento de vida do seu *prospect*, como está o dia a dia dele e o que ele espera para o futuro. Muitos dirão que não esperam nada do futuro e esse pode ser o gatilho que você precisa para mostrar a ele a sua oportunidade de mudar de vida com seu negócio. Há muita gente que se limita a viver na mesmice e não tem consciência disso e nem se permite vivenciar o novo.

Os tipos de apresentação são:

- 1-1;
- Reuniões em casa;
- Apresentações de negócios;
- Eventos corporativos.

Encontrar seus contatos em apresentações 1-1, ou seja, um encontro só entre vocês, é uma grande oportunidade de estreitar os laços e ir para o próximo passo. Entenda que as pessoas precisam de mais do que um contato para realmente fechar o negócio. Um primeiro contato é o início do processo, não necessariamente o momento do fechamento. É um encontro para atualizar o papo, perguntar da família e do trabalho. O natural "e você?" é a deixa para entrar no assunto do negócio. Quando o tema é trabalho, ao longo da conversa, você poderá começar falando: "Pois é, estou começando um negócio novo no segmento de... (fale o mercado do produto que você está atuando)". Naturalmente, a pessoa irá perguntar mais. É a hora de começar a falar do negócio, com pausas para respirar. Fale e respire. Não importa se o propósito do encontro é o produto ou o negócio, comece sempre pelo produto. Mostre o catálogo, o folheto e o produto para a pessoa. Deixe-a apreciar, ver e perguntar. No momento certo, você poderá dizer que está buscando parceiros para ajudar a expandir a marca e que ela tem muito o perfil. Fale de como o negócio é rentável. Pronto! Essa é a deixa principal, quando se trata de oportunidade.

Se a pessoa de fato se interessar, ela própria pedirá a você para falar mais sobre o negócio. Perceba que é muito diferente você sair apresentando do que ela pedir para você apresentar.

Aqui vai um ponto bastante importante. Se você está começando o negócio, vale a pena um próximo encontro 1-1 ou um convite para uma apresentação maior. Um dos grandes erros dos empreendedores é querer apresentar a oportunidade sozinho, sem experiência. Os questionamentos são muitos e o novo empreendedor pode se perder nas respostas. Nesses casos, há dois caminhos: pedir a alguém de sua linha ascendente para apresentar o plano junto com você em uma segunda reunião ou convidar seu contato para uma reunião de apresentação já existente. Veja abaixo uma dica de diálogo para cada situação:

Situação 1

"Então, estou começando agora e ainda não tenho muita experiência para te apresentar a empresa com todos os detalhes, mas tenho uma pessoa que me ajuda e é muito experiente. Vamos marcar uma apresentação com ele(a)? Quando você pode? Me dá duas ou três opções e me deixe confirmar a agenda aqui". Tente confirmar com seu patrocinador, por exemplo, na hora mesmo. Caso não consiga, retorne o mais breve possível.

Situação 2

"Puxa, que bom que você se interessou. Tem uma apresentação marcada dia x às x horas aqui perto. Vamos comigo? Você irá conhecer o pessoal. Eles são muito legais e profissionais."

Mais para frente, em "Duplicação", falarei um pouco mais sobre essas reuniões com novos empreendedores. As dicas servirão para você entender como fazer no seu próprio início e no início dos novos empreendedores que cadastrar.

APRESENTANDO PRODUTOS
Quando se trata de uma apresentação de produto, é importante construir o valor percebido do produto, sem prometer demais e sem ser muito técnico. Foque na qualidade do produto e nos resultados. Cuidado para não fazer alegações que não sejam aprovadas pela empresa ou pelos órgãos regulatórios. Para vender um produto, você deve entender a solução que ele trará para seu consumidor. Explore o problema que aquele produto soluciona e mostre a necessidade dele. Não tenha medo de falar o preço. Lembre-se de que o preço se relaciona com o valor percebido pelo consumidor e isso nada tem a ver com o mercado. Uma das grandes vantagens da venda direta é que não há uma comparação explícita com outros produtos concorrentes, diferentemente do que ocorre nas gôndolas de supermercados. A relação de preço está diretamente relacionada ao valor real percebido que você gera para o consumidor em relação ao preço.

Veja um exemplo do que faz um produto caro ou barato:

Composição do valor real percebido

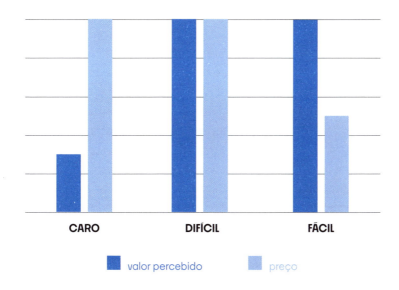

O produto será caro e não irá gerar venda, se ele for ruim ou se a apresentação tiver mostrado que o preço dele é maior que seu valor percebido.

Quando o preço é alto, mas é igual ao valor percebido, a venda é mais difícil, mas pode ocorrer. Já quando o valor percebido é alto, devido a sua qualidade ou a uma boa apresentação, o produto é barato e a venda é certa, a menos que o consumidor realmente não tenha dinheiro, o que, mais uma vez, não será um impeditivo, se ele, de fato, tiver gostado!

Existem produtos mais simples de serem apresentados e outros que requerem mais dedicação. Isso não significa maior ou menor dificuldade, significa apenas mais dedicação em entender melhor o produto e mais tempo para apresentá-lo. Imagine, por exemplo, a diferença entre vender um cosmético de uso diário e vender um apartamento. É disso que estou falando. Existem produtos chamados de "*no-brainer*", ou seja, produtos que não exigem muito julgamento por parte dos consumidores, e outros que o consumidor tem que pensar um pouco mais antes de efetuar a compra.

Outro ponto: inserir um produto que os consumidores já usam é mais simples do que criar um hábito novo, mas não necessariamente torna o processo de venda mais fácil. Isso porque, se ele já utiliza o produto, conhece marcas e deve ter suas preferências. Por outro lado, com um produto inédito para ele, isso não acontece. Assim, o que torna uma venda fácil não é o fato de os produtos serem inovações ou se já pertencem a uma categoria. O que facilita a venda é, na verdade, o valor do percebido pelo consumidor em relação ao custo do produto, conforme vimos no gráfico.

Um cuidado muito grande que você deve ter é quando tenta, a qualquer custo, elevar o valor percebido do produto por meio de alegações, principalmente alegações não verdadeiras, não aprovadas pela empresa ou pelos órgãos regulatórios do país. Passamos por alguns momentos nesse modelo de negócios nos quais muitas empresas deixaram seus empreendedores/distribuidores fazerem alegações não aprovadas, uma vez que os resultados com os produtos aconteciam.

É evidente que a empresa tem responsabilidade na propagação dessas informações. No entanto, a maior responsabilidade é dos líderes, já que a empresa não tem e nunca terá condições de fiscalizar e controlar tudo que se fala sobre seus produtos o tempo todo. Cabe sim à empresa educar, treinar e controlar seus distribuidores, mas cabe, principalmente, ao líder e a seus empreendedores seguirem as normas da empresa e do país. Cada um tem responsabilidade sobre seus próprios atos.

O Marketing de Relacionamento permite que as empresas tenham, muitas vezes, produtos que apresentem qualidade e custo maior já que não existe uma concorrência direta nas prateleiras. No varejo, normalmente, por maior que seja o interesse de uma empresa, há um limite para a inovação, pois o consumidor, no momento da compra, não se atenta aos detalhes. Já na venda direta, é possível transmitir o valor do produto por meio de demonstrações e de apresentações. Assim, muitos produtos de melhor qualidade são vendidos por esse canal. É preciso atenção, no entanto, para não elevar a percepção do valor do produto por métodos perigosos e não aprovados. Isso pode gerar desconfiança do consumidor e funcionar contra você, gerando uma expectativa falsa em relação ao resultado que se obterá do produto. Há, ainda, os riscos jurídicos e regulatórios que poderão acarretar à empresa e ao empreendedor punições, como multas, veto da venda do produto no mercado ou até sanções maiores. Desenvolver qualquer negócio não é um jogo apenas. Envolve responsabilidade. Não é que seja um processo complexo, mas para ser profissional há um custo a se pagar e esse custo é preparar-se, como em qualquer negócio.

Tenha em mente que a base de qualquer negócio é o consumo de produtos por pessoas que não fazem parte do negócio. É importante ficar claro que Marketing de Relacionamento não é clube de consumo. A chave para o desenvolvimento desse negócio é desenvolver a habilidade de vender os produtos que você representa. Se fizer isso continuamente e tiver um grupo de pessoas ganhando dinheiro com a venda de produtos em sua organização, você terá construído um dos grandes pilares para a sua liberdade.

Não pense também que a venda de produtos deva ser sempre de forma estruturada, com hora marcada e em uma reunião específica. Todos os lugares em que estiver se relacionando com pessoas é uma oportunidade de vendas. Tenha sempre o catálogo em mãos, utilize os produtos frequentemente e tenha um estoque regulador de produtos de forma a poder entregar de imediato.

Use sempre os produtos. Seja produto do produto. Quando você trabalha, por exemplo, com produtos de beleza, o fato de utilizar os produtos, por si só, já vende. Imagine alguém comentar: "Nossa, que perfume bom está usando!". É sua deixa para dizer que é o perfume que você vende. A chance de efetivar uma venda nessa conversa é muito grande, principalmente se você estiver com produtos em mãos.

Mais um exemplo: se você trabalha com produtos de bem-estar, além de utilizá-los, tenha sempre alguns por perto. Usar ou compartilhar os produtos em um encontro familiar ou em um encontro de amigos gera interesse, perguntas e, por consequência, oportunidades de venda. Consuma os produtos na frente das pessoas. Dê de presente de aniversário ou de Natal os produtos que vende. Você teria que comprar esses presentes de qualquer forma. Então, presenteie com os seus produtos. Além de pagar o preço de custo por eles, você estará divulgando esses produtos para aquele ciclo de seu relacionamento.

Atenção: é sempre importante tomar cuidado para não ser invasivo. Não chegue oferecendo os produtos impulsivamente sempre que encontrar alguém. Deixe fluir. Em encontros casuais, se houver oportunidade de falar dos produtos, fale. Se houver oportunidade de marcar uma apresentação, marque. Mas se o assunto não fluir para esse caminho, continue normalmente seus relacionamentos. Evite ser o "vendedor chato", mas também não seja o "vendedor oculto". Da mesma forma em que há empreendedores que são insistentes e apenas falam de negócios, há outros que são tão preocupados em ser inconvenientes que não falam nada. Esses, muitas vezes, se dão conta ao longo do tempo que seus próprios amigos estão consumindo os produtos que ele revende ou até desenvolvendo o negócio por meio de outras pessoas.

APRESENTANDO O NEGÓCIO

Normalmente, criamos muito expectativa em relação à apresentação de negócios. Quando você começa, é natural ficar nervoso e preocupado com o que falar. Mas cuidado. Se essas emoções tomarem conta de você, comprometerão a qualidade da apresentação e o resultado final. Por isso, o primeiro passo é você acreditar no que irá falar. É mais importante ter a crença elevada no projeto do que saber todos os detalhes do negócio. A crença, o brilho nos olhos e a atitude valem mais do que as palavras certas e os gatilhos certos.

A BOCA FALA SOBRE O QUE CORAÇÃO ESTÁ CHEIO!

O Marketing de Relacionamento é um negócio de emoção, não de razão. Nem os produtos nem a oportunidade são uma venda técnica.

Sempre que você colocar foco demais no tangível e deixar o intangível de lado, irá perder a qualidade de sua apresentação. As pessoas fazem negócio com pessoas e não com empresas. Isso ocorre até mesmo em um negócio tradicional. Ao pedir demissão, o funcionário não quer trocar de empresa, mas, na maioria das vezes, de chefe. O objetivo final de sua apresentação de negócios é envolver as pessoas para que elas desejem seguir junto com você. O foco é formar uma equipe e liderá-la. A primeira coisa que alguém precisa para ser líder é ter liderados. Uma apresentação de negócios é a grande oportunidade para você envolver as pessoas com o seu projeto de vida. Elas têm que sentir o quanto você está comprometido com esse projeto e o quanto acredita nele. A qualidade de uma apresentação está na emoção e a emoção vem do coração.

É comum as pessoas ficarem nervosas com as objeções durante as apresentações. "E se alguém perguntar algo que eu não saiba, como respondo? E se perguntarem dos meus resultados? Eu ainda não comecei a ganhar dinheiro...".

Fique tranquilo. Uma das coisas mais importantes é sempre falar a verdade, nada além da verdade. Ela é o ingrediente principal de uma boa relação, e o objetivo de uma apresentação é iniciar essa relação. A confiança é a base de tudo e você começa a construí-la desde o primeiro segundo de sua conversa.

O primeiro passo para conectar seus participantes é contar rapidamente sua história (de você mesmo ou a história da pessoa que está abrindo a apresentação). Como conheceu o projeto, há quanto tempo atua nesse modelo de negócios e quais os resultados e visão de futuro que teve e tem. Diga por que desenvolve a oportunidade e por que está ali apresentando para ele. É interessante mencionar, já no início, algo para gerar autoridade e conexão com o participante, como por exemplo: "Se esse negócio fez sentido para mim, pelo fato de estarmos aqui conversando, creio que pode fazer muito sentido para você também."

Pense que a apresentação não é para reconhecer ou enaltecer quem está apresentando, mas sim para envolver o convidado. Fale de suas histórias e de suas conquistas. No entanto, refira-se ao convidado com perguntas: "E você, quanto gostaria de ganhar?" Se você falar sobre seu propósito de vida, em algum momento, pergunte: "E você, qual é o seu propósito? Já pensou nisso?". As perguntas reconectam as pessoas durante a apresentação. É normal que a cada 10 ou 15 minutos os convidados em uma apresentação se distraiam. As perguntas servem para trazê-los de volta.

Há situações em que algumas pessoas, principalmente as mais céticas, tentarão interromper a apresentação com questionamentos. Uma grande dica é, respeitosamente, dizer que, ao final da apresentação, você poderá responder a todas as perguntas. Não permita que uma apresentação vire um debate. Ela ficará chata e o foco será a disputa do debate em vez do entendimento do projeto. Mesmo que haja situações de insistência, diga que, ao final, você poderá responder e buscar as respostas para tudo que for necessário. O ser humano, por natureza, busca reconhecimento o tempo todo e quando não o consegue "pelo amor", tenta fazê-lo "pela dor". Veja, por exemplo, as reuniões de condomínio. Muitas viram uma gritaria e uma desordem porque todos querem mostrar que estão presentes e querem ser reconhecidos. Não permita que sua reunião vire uma reunião de condomínio, seja ela individual, em grupos pequenos ou em grupos maiores. É importante, principalmente em reuniões maiores, não abrir para perguntas públicas. Ao final de uma apresentação, agradeça a todos os participantes, diga que estará à disposição para conversar individualmente com quem desejar e coloque uma música. Os que buscam reconhecimento pelo questionamento perderão a oportunidade e se aquietarão.

Você não precisa saber tudo sempre. O que souber fale, o que não souber, passe. Já tive situações, tanto no início de minha carreira como no início de uma empresa, em que não sabia algo. Quando possível, eu passava adiante despercebido. Pense que seu convidado não sabe tudo que você tem que falar. Ele está lá pela primeira vez. Você é o único que sabe. Se tiver algum ponto crítico que não sabe, seja sincero e diga "esse ponto ainda não domino, mas prometo trazer para você os detalhes na próxima reunião". Claro, isso apenas em casos extremos.

Qual é o tempo ideal de uma apresentação? Muitos dirão que é algo em torno de 40 minutos a uma hora. Sim, é verdade, mas fazer uma apresentação apenas preocupado com o relógio não é o segredo de sucesso. Por outro lado, fazer uma apresentação sem olhar o relógio pode ser o segredo de fracasso. As pessoas se cansam, levantam e vão embora sem qualquer pudor ou misericórdia.

Mais importante que o tempo, é prezar para que sua apresentação seja envolvente, gostosa, naturalmente divertida (ou seja, nada de piadas forçadas) e, acima de tudo, que gere resultados. Para mim, aliás, uma boa reunião é de fato aquela que gera resultados. A partir daí o tempo da reunião passa a ser relevante. Uma reunião corrida, que quer apenas bater o cronograma, pode comprometer o resultado da mesma forma que uma reunião longa, cansativa, redundante e chata. O certo é respeitar a hora dos participantes. Fique atento ao relógio, programe-se para cada etapa da reunião, ensaie para saber quanto tempo cada bloco utiliza e, sempre que possível, coloque um cronômetro ou um alarme. Eu, por exemplo, coloco sempre um alarme no celular que me diga quando estou na metade da apresentação ou, em eventos maiores, sempre tenho alguém controlando o tempo.

E quando as pessoas se levantam e vão embora? Sim. Pessoas levantarão no meio de sua reunião e irão embora. Nesse momento, você tem que manter a calma ou, como costumo brincar, "calar seu sabotador interno". Ele gritará para você que ninguém está gostando da apresentação e que a pessoa que levantou já desistiu. Respire fundo. Muitas vezes, o convidado apenas está indo ao banheiro ou saiu para atender a um telefonema. Ao mesmo tempo, amanse seu ego e não pense que está arrasando na reunião. Fique atento ao conteúdo e ao tema da apresentação. Você está lá fazendo o que é certo, jogando as sementes. Algumas brotarão, outras não. Respeite o tempo e se conecte com quem está presente. Esqueça os que estão aéreos e os que não vieram. Faça o seu melhor com os que estão ali.

Aliás, vamos falar agora sobre as presenças. É normal convidar pessoas para eventos e elas não aparecerem. Isso não ocorre apenas nos negócios. Em seu aniversário, deve ocorrer todos os anos, assim como em casamentos e batizados. Muitas pessoas dizem que irão e não vão, e não importa o motivo. O que importa são os que foram, não os que não foram. Em qualquer negócio, existem índices de "*no show*" (percentual de pessoas que não comparecem aos eventos) e você pode criar os seus para esse negócio. De X pessoas convidadas, um percentual comparecerá. Das que irão, um percentual se encaminhará para o fechamento, e dessas, um percentual decidirá fazer o negócio. Crie seus próprios indicadores e procure melhorar cada um deles.

Outro ponto: e quando olhamos para nossos convidados e vemos alguns de cara feia ou conversando durante a apresentação? Calma, nem tudo é o que parece ser. Em geral, suas convicções sobre a aceitação das pessoas estarão erradas. A imensa maioria das vezes em que achei que alguém não estava gostando, errei. Eu via a expressão do participante e julgava que ele estava cheio de questionamentos internos e que não iria continuar. Chegava ao ponto de tentar adivinhar o momento em que a pessoa iria embora e, na maioria das vezes, estava errado. Ainda não temos o poder de adivinhar ou de ler pensamentos.

CONTE SUA HISTÓRIA

Ao fazer apresentações, *conte sempre sua história*. Fale sobre como enxerga o negócio, o que fazia antes, por que decidiu fazer o negócio e quais resultados já obteve.

Se você ainda não tem uma história de resultados, foque inicialmente no seu porquê e em tudo que fez até o momento, mesmo que tenha começado há pouco tempo. Sabemos que a falta de resultados se deve a vários motivos: pouco tempo de negócio, falta de foco ou, ainda, devido ao processo normal de aprendizado do negócio.

Fale sempre a verdade, jamais minta resultados. Você não precisa disso e o melhor caminho é o da verdade. Relacionamentos baseados em mentiras se quebram, e a mentira sempre, incondicionalmente, aparece.

São as histórias que emocionam e envolvem as pessoas. Utilize outras histórias, tome emprestada a história de seus patrocinadores, a de outros líderes da empresa ou até mesmo a de outras empresas e as conecte com a sua história.

FECHAMENTO

O fechamento ideal para qualquer tipo de apresentação é aquele que tem uma chamada para a ação. Você não está fazendo uma apresentação de um trabalho de faculdade ou de uma tese, em que o objetivo é receber aplausos no final. Você está apresentando uma oportunidade com o intuito de conectar as pessoas com você.

Um dos maiores erros das apresentações é deixar-se levar pelo ego e ficar satisfeito com os aplausos. Um mecanismo que utilizo é planejar previamente qual ação espero que meus convidados tenham ao final da apresentação.

É importante pensar nos gatilhos que devem ser falados ao terminar uma apresentação. Agradeça sempre os participantes e chame-os para a ação. Em uma reunião 1-1, por exemplo, é possível terminar dizendo o seguinte: "Então, esse é o meu negócio; esse é o negócio que decidi fazer para mudar a minha vida e estou muito feliz com ele". Olhe no olho do seu *prospect* e diga: "E você? De tudo o que viu o que mais gostou?".

Evite dizer "o que achou". Seu *prospect* não está preparado para ter uma opinião clara. Qualquer opinião será superficial e, provavelmente, levará para um caminho complexo. Deixe seu convidado pensar. Ajude-o, se necessário. Ouvi um processo para isso que gostei bastante:

– De zero a dez, que nota você dá para esse negócio?
Qualquer nota acima de zero é boa e já é uma possibilidade de interesse.

– De tudo que viu, o que mais gostou?
Normalmente, as pessoas dirão que gostaram dos produtos, do modelo comercial, da possibilidade de ganhos, das viagens que podem ganhar e da possibilidade de ter um negócio diferente de seus planos A.

– Quanto você gostaria de ganhar nesse negócio para valer a pena?
Digamos que a pessoa diga R$ 2.000, R$ 5.000 ou R$ 10.000. Então, vêm as duas perguntas finais e mais importantes.

– Quanto tempo você poderia colocar nesse negócio por semana?
A resposta, no caso de um interesse, deve ser 2 horas, 3, horas, 4 horas por semana.

Aí, vem a última pergunta:
– Se eu pudesse mostrar a você como ganhar o valor que deseja, investindo o tempo que está disposto, você toparia desenvolver o negócio comigo?
Dificilmente a resposta será não.

Essa técnica vem sendo utilizada por muitos líderes no mundo todo e tem se mostrado eficiente. Mesmo assim, ela não é uma regra, já que nosso negócio é baseado em relacionamento. A maioria das pessoas que têm grande sucesso mostra aos seus *prospects* o brilho no olhar e a paixão pelo negócio. No fundo, trata-se de um negócio de paixão, de crença absoluta. Quanto mais você conseguir demonstrar seu entusiasmo e sua crença, mais pessoas se conectarão com você.

Como já comentei algumas vezes aqui, nesse negócio não convencemos ninguém. O que fazemos é envolver as pessoas com um projeto de vida. Esse é o verdadeiro negócio por trás do Marketing de Relacionamento.

Uma reunião pode levar a outra. Muitas vezes, uma reunião 1-1 gera um interesse, mas não gera um "sim". Antes do "não" definitivo, porém, tente uma segunda reunião, um próximo contato, com um pouco mais de informação sobre o negócio. Convide seu *prospect* para uma reunião em casa ou para uma apresentação coletiva, organizada pela liderança local. Quando houver oportunidade, leve-o a um evento corporativo.

Não é o simples de fato ir a outra reunião que fará com que o *prospect* aceite fazer o negócio. Mas é, sim, importante ele ouvir coisas novas ou as mesmas coisas de forma diferente. Quando existe um sistema de reuniões e de eventos locais com outros líderes, ao ouvir mais histórias, há chance do *prospect* se identificar com os perfis desses outros líderes e, então, acreditar que ele também pode desenvolver o negócio. Falo um pouco mais disso no capítulo sobre crenças.

Ao fazer o fechamento, você terá que lidar com algumas objeções. Na verdade, essas objeções são, na maioria das vezes, uma forma de dizer "não" sem dizê-lo. Provavelmente, pela necessidade de sermos aceitos pela sociedade, a grande maioria de nós tem dificuldade em dizer "não". Por isso, começamos a usar objeções para dizer esse "não" sem ter que pronunciar a palavra. Usamos desculpas.

Eu acredito que melhor do que vencer as objeções é evitar que elas apareçam. Aí vem, mais uma vez, a importância de não sair fazendo de qualquer jeito. Quando você ou seu *downline* saem apresentando o negócio de qualquer forma, a chance de ter objeções é muito grande. É preciso senso de urgência, não desespero. Se você vai mais preparado, relacionando-se de forma crescente com seus contatos para, então, falar sobre a oportunidade de negócios, as objeções podem ser mais brandas ou nem existirem.

Ao se relacionar com as pessoas, você tem que identificar o momento de vida delas para, a partir daí, entender o motivo pelo qual elas poderiam desenvolver o negócio. Quanto mais você transitar no campo da solução do problema do seu *prospect*, em vez de apenas tentar vender algo para ele, menos objeções e mais sucesso terá. Você não está vendendo nada para ninguém ao apresentar a oportunidade de negócios. Você está, sim, compartilhando uma oportunidade legítima, séria e honesta que possibilitará a seu *prospect* ganhar dinheiro de qualidade e realizar seus sonhos e seu propósito.

Tentar vencer as objeções é muito importante para ajudar o *prospect* a pensar. Mesmo que ele não diga "sim" de imediato, o fato de tê-lo feito refletir sobre o assunto pode fazer com que ele aceite o negócio em outro momento.

Ao trabalhar as objeções de seu *prospect*, o ideal é concordar parcialmente com ele para, depois, colocar o seu ponto de vista e, enfim, encerrar de forma positiva.

NÃO TENHO TEMPO PARA DESENVOLVER

É comum dizermos que não temos tempo para nada a mais em nossa vida. A proposta do Marketing de Relacionamento não é fazer com que as pessoas assumam mais responsabilidades e deixem de viver. O objetivo é começar a desenvolver um negócio que, ao longo do tempo, poderá liberar a pessoa. Todos, ou quase todos nós, em algum momento tivemos que encontrar tempo para fazer uma faculdade, para fazer um curso de idiomas ou para nos especializarmos em uma atividade. Fizemos isso para termos uma profissão e ganharmos dinheiro com ela. Se conseguirmos mostrar aos nossos contatos o poder libertador que o Marketing de Relacionamento proporciona, a objeção "não tenho tempo" não existirá ou será facilmente vencida. Você mesmo, ao tomar a decisão de desenvolver o negócio, percebeu que era algo em que valia a pena investir o pouco tempo que tinha. Como já discutimos aqui, há momentos em que investiremos mais tempo para, ao desenvolver o negócio da forma correta, termos outros em que sobrará tempo.

QUANTO VOCÊ ESTÁ GANHANDO?

Algumas das objeções mais comuns que existem é perguntar quanto você ganha. Não há problemas se você não ganha muito. Você pode falar que o seu resultado não é a prova de que o negócio funciona ou não funciona. É possível que tenha começado há pouco tempo ou ainda que tenha colocado menos foco no negócio e isso atrasou o aumento dos seus ganhos. Além disso, a quantidade de trabalho apenas tem um impacto direto no ganho, quando a atividade paga por hora. No Marketing de Relacionamento, seu ganho é construído conforme você desenvolve sua equipe e encontra líderes. Há casos de pessoas que encontram bons líderes rapidamente; outros demoram mais tempo. O que conecta uma pessoa ao negócio não pode ser apenas a realidade de quem apresenta, mas sim a visão de futuro e as possibilidades que existem com o projeto. Muitos dos maiores líderes de nossa indústria foram cadastrados por pessoas que não estavam ganhando fortunas no momento em que apresentaram o negócio.

SEXTO PASSO: ACOMPANHE

Muitas vezes, na ânsia de crescer rapidamente, as pessoas esquecem um passo extremamente importante que é o acompanhamento (*follow up*, em ingês). Muitos empreendedores desse modelo de negócios saem falando com muita gente, colocam pressão demais para um fechamento imediato e, depois de um encontro, esquecem-se da pessoa. Em outros casos, fecham uma venda ou um novo cadastro e passam para o próximo esquecendo-se de trabalhar aquele cliente ou novo membro de sua equipe.

O acompanhamento consiste em manter acesa a chama, em contatar, no tempo certo, aquela pessoa com quem você se encontrou. O tempo certo é o meio termo entre "cedo demais", de forma a tornar-se insistente, ou "tarde demais", o que esfria o contato. Em geral o "tempo certo" encontra-se entre uma e duas semanas, sempre lembrando que cada caso é um caso. Após o encontro ou a apresentação, tente definir com o próprio *prospect* qual seria o próximo passo. Em muitos casos, ele dirá que vai falar com a esposa ou com o marido e que, depois, vai telefonar. Não deixe que ele ligue para você. Evite isso. Antes de essa alternativa aparecer, pergunte quando *você* pode ligar e saia com um compromisso marcado, ainda que seja de uma ligação.

Ao ligar, seja o mais natural possível, pergunte como a pessoa está, como passou desde que vocês se encontraram. Quebre o gelo com uma conversa amena. Entre, então, no assunto, agradecendo pela reunião que tiveram e perguntando se ficou alguma dúvida de tudo que falaram. Tente marcar um novo encontro para aquecer ainda mais o relacionamento com seu *prospect*. Não force uma resposta positiva pelo telefone. Se a resposta dele de fato for "sim", provavelmente ele ligará antes ou dirá antes mesmo que você pergunte.

Em geral, as pessoas têm dificuldade de falar "não", principalmente pessoalmente. Use isso a seu favor. Além disso, muita gente teme sair de sua zona de conforto e, por mais que tenha gostado de tudo que viu, nega a oportunidade por puro medo. Os encontros pessoais são sempre os mais eficientes, tanto em um primeiro contato "despretensioso" como em uma apresentação de negócios e mesmo em um acompanhamento.

Mesmo quando receber um "não", peça indicações de consumidores e de *prospects* como uma "ajuda" ao seu negócio. Fale para ele pensar em pessoas do relacionamento dele que tenham o perfil para os produtos e/ou para o negócio. Pergunte se você pode ligar para elas fazendo referência ao nome dele. Marque, então, encontros com novas pessoas.

A principal atividade do Marketing de Relacionamento é relacionar-se com novas pessoas constantemente. As indicações irão manter sua lista de contatos sempre viva. Quando alguém indicado pelo seu *prospect* comprar os produtos ou decidir fazer o negócio será uma excelente oportunidade de ligar mais uma vez para o *prospect* contando que um amigo dele está no negócio com você. Isso, provavelmente, irá aumentar a crença dessa pessoa e pode, inclusive, transformar o antigo "não" em um entusiasmado "sim".

Cada um tem seu tempo para iniciar. O seu objetivo é, como já disse, manter a chama acesa dos seus relacionamentos e aquecê-los até que receba o "sim" que tanto deseja. Cada novidade que tiver, cada lançamento de novo produto, cada melhoria em seu negócio são também ótimas "desculpas" para reativar contatos e reaproximar-se de consumidores e *prospects*.

SÉTIMO PASSO: DUPLICAÇÃO

Uma vez cadastrado um novo empreendedor/distribuidor em sua organização, é hora de começar a duplicação. Quanto mais rápido você entrar no ciclo de influência de seu novo empreendedor, maiores as chances de sucesso dele, sem contar na oportunidade que você terá de encontrar um construtor também.

Seu objetivo é encontrar construtores. Um construtor é um empreendedor de alta produtividade e de baixa manutenção. Normalmente, são pessoas positivas, ensináveis, motivadas, independentes e que sabem ouvir. Elas têm um desejo grande de evoluir no negócio e, na maioria das vezes, não pedem ajuda para tudo o tempo todo. Apenas reclamam quando é realmente necessário. No Marketing de Relacionamento, para conquistar liberdade, você deve ser um construtor e encontrar construtores.

Não dependa de seu patrocinador e não deixe sua organização dependente de você. Faça a sua parte e deixe-a fazer a parte dela. Não faça *por* eles; faça *com* eles, sempre! Você é dono do seu negócio e ele importa de você para baixo. Da mesma maneira, você encontrará líderes abaixo de você que também vão querer assumir o controle do grupo deles. Esse não é um negócio de hierarquia. Há, sim, que se ter respeito pela linha ascendente. Também é importante aconselhar-se com ela constantemente. Não existe, porém, uma obrigação de um seguir o outro em tudo. Não há dependência nem subordinação, mas apenas pessoas que seguem pessoas. O que não se pode permitir é a influência entre linhas *crosslines*, ou seja, entre pessoas de linhas de organizações diferentes. Muitas vezes, isso acaba em confusão, em distração e em perda de resultados.

Para encontrar construtores, você deverá entrar de 3 a 5 níveis de profundidade em suas linhas de patrocínio pessoal. Geralmente, não é a pessoa que você indicou que irá construir, mas alguém que está na profundidade dela.

Para ajudar o novo membro de sua equipe e entrar no ciclo de influência dele é preciso fazer uma primeira reunião para planejamento, logo após o cadastro. Este livro é um guia que poderá auxiliá-lo. Revise os 7 passos aqui descritos junto com seu novo empreendedor. A reunião de planejamento deve ser presencial. Muita gente erra em querer duplicar as atividades corretas após o cadastro apenas por meio de vídeos e de livros. Se o cadastro foi olho no olho, por que o início dos trabalhos deve ser virtual?

Faça a lista junto com seu novo empreendedor. Ajude-o a qualificar a lista, a contatar as pessoas e a marcar as primeiras reuniões. Mesmo que você esteja começando, esse processo é uma oportunidade de aprenderem juntos. Marque as primeiras três reuniões com ele e aplique a regra do 80-50-20, ou seja, ao fazer as primeiras três reuniões com os *prospects* do novo empreendedor, você deve falar 80% do tempo da apresentação e ele 20%; na segunda, cada um fala metade do tempo; e na terceira, ele fala 80% e você 20%. Não necessariamente precisam ser apenas três reuniões ou exatamente nessa mesma ordem. O que quero dizer com tudo isso é que, no início, pelo fato de você conhecer mais o negócio, quem deve falar mais é você. Ele, ao ouvir sua apresentação, estará aprendendo. Deixe-o fazer a introdução da reunião, apresentando você ao *prospect* dele. Os temas mais complexos da apresentação ficam com você. Ele fala sobre os mais simples. Normalmente, os menos complexos são a empresa, o mercado em que ela está inserida e as ações sociais desenvolvidas (caso a empresa tenha). Os mais complexos são os produtos, o negócio e o plano de compensação.

A excelência vem da repetição. Quanto mais fizer, melhor você fará. E isso se aplica ao novo empreendedor também. Procure sempre dar *feedback* aos seus empreendedores, individualmente, após as apresentações. Utilize a PNP, técnica que falarei no capítulo "*Como se relacionar com as pessoas*". Faça, meça os resultados e melhore sempre. O princípio do Kaizen se aplica aqui também. O termo japonês "Kaizen" significa o desenvolvimento perene de qualquer tipo de processo – industriais, comerciais ou de gestão de negócios.

No fundo, a duplicação nada mais é do que criar um exército de pessoas se relacionando com pessoas e evoluindo esses relacionamentos diariamente. Qualquer negócio, em essência, é isso!

A RETENÇÃO

A retenção é outro assunto importante no nosso modelo de negócios. Ela sempre representou um grande problema, principalmente nos dias de hoje, com uma economia dinâmica e uma sociedade altamente vulnerável ao imediatismo e ao novo. Já ouvi todo o tipo de teorias sobre retenção. Uns dizem que plano de compensação é o que retém o empreendedor, outros falam que é o produto certo e há ainda quem pense que são os treinamentos. Somos altamente criativos e, em muitos momentos, simplistas ao querer resolver um problema. Vemos pessoas desistindo, entramos em desespero e começamos a buscar a solução rápida para o problema.

Retenção nada tem a ver com o tangível. Retenção relaciona-se com o intangível, com o relacionamento. É óbvio que o tangível é importante nesse processo. Produtos fáceis de vender ajudam o empreendedor a continuar vendendo, o que, por sua vez, contribui com a continuidade do projeto. Um plano de compensação justo também influencia na retenção, da mesma forma que um treinamento de habilidades e as atitudes corretas também auxiliam. Mas tudo isso apenas ajuda. O essencial mesmo da retenção é a *vibe*, ou seja, a conexão das pessoas com você e com a empresa. O que retém um empreendedor é o relacionamento que você tem com ele – e, ainda assim, um relacionamento depende dos dois lados.

Há momentos em que, mesmo você fazendo todo o seu melhor, as pessoas desistirão. Seu papel para reter pessoas é fazer a sua parte. Se elas desistirem, que não seja porque você deixou de se relacionar. Pessoas desistem de tudo na vida: de uma academia, de um curso de idiomas, de uma faculdade, de uma amizade, de um namoro e até de um casamento. Tenha certeza de que muitas também desistirão do seu negócio. Faça a sua parte, cuide dos que estão conectados com você. Aos que desistirem, deseje sorte.

O sentimento de perda, a necessidade de ser aceito e o medo de fracassar, muitas vezes, colocam-nos em uma *vibe* errada de querer salvar todo o mundo e de querer que todos fiquem conosco o tempo todo e para sempre. Pessoas passarão pelo seu negócio e deixarão sempre algo positivo. Às vezes, até mesmo o fato de alguém desistir é muito positivo. Tem gente que não tem a vibe certa para desenvolver esse negócio e acaba criando mais problemas do que ajudando. Já agradeci a Deus por algumas pessoas terem desistido de fazer o negócio que eu estava desenvolvendo. Acredite, há males que vêm para o bem. Muitas pessoas demandam demais, cobram demais e reclamam demais em vez de olhar para si e fazer o melhor que podem com aquilo que têm.

A maioria das pessoas que desiste coloca a culpa no produto, no plano de compensação, na empresa e até em você. Esteja preparado. Cuide de quem quer ser cuidado e coloque sua energia em novas pessoas e naquelas que estão conectadas com você.

Não há fórmula mágica para a retenção. Já vi, por exemplo, pessoas ficarem em empresas com produtos altamente complexos de se trabalhar (ou pelo preço elevado ou pela má qualidade mesmo), com péssimos planos de compensação e, ainda, com uma gestão pouco habilidosa.

A retenção vem de um relacionamento forte com sua equipe e de uma vontade obstinada de todos – isso mesmo, de todos – de melhorar e evoluir continuamente. A retenção ocorre quando se está perto da fogueira, participando dos eventos e das atividades. É preciso estar em contato para manter o fogo do relacionamento aceso. Daí vem a retenção. Enquanto houver crença, as pessoas ficam. E a crença vem com disciplina. Ao criar uma equipe disciplinada, a crença ficará alta e, com crença alta, ninguém desiste.

Sempre que os membros de sua equipe sentirem que estão recebendo algo, eles ficarão. Esse "algo" pode ser desde pequenos resultados positivos financeiros até conhecimento ou experiências. Em muitos momentos, o simples fato de pertencer a um grupo, mesmo sem ter os resultados financeiros desejados, retém pessoas. Seu papel é estar presente em todos os eventos e em todas as atividades.

Os resultados dependem das atividades. A maior parte dos empreendedores que desiste não realizou as atividades em quantidade suficiente ou com a qualidade necessária. Assim como em uma academia, desistem os que não vão. No Marketing de Relacionamento, muitos dos que param é porque não fizeram a atividade básica. O simples fato de se relacionar com pessoas, de apresentar os produtos e a oportunidade irá gerar pequenos resultados. Esses resultados aumentam a crença e, em alguns momentos, patrocinam novamente os empreendedores. Participar de todos os eventos também aumenta a retenção. Por isso que no capítulo sobre sistema falarei sobre a importância da excelência na promoção dos eventos. Mesmo que sozinho, é melhor participar de uma reunião semanal, de um evento mensal ou de um evento corporativo do que não participar. Estando perto da "fogueira" raramente alguém desistirá.

Vivenciei muitos casos de pessoas que desistiram pelo próprio ego. Líderes que não tinham mais os resultados elevados que tiveram no passado e que perderam a capacidade de se reinventar acabaram desistindo do negócio. Cuidado com essa armadilha. Seja ensinável, reinvente-se sempre que necessário e não coloque o foco de seus resultados no reconhecimento que quer receber. Pense, sim, em usufruir o resultado conquistado pelo seu sucesso. Quanto mais o foco estiver em você, mais protegido estará dessa armadilha altamente sabotadora.

Em nosso modelo de negócios, sempre acabamos compartilhando muitas experiências e aprendizados e criando um bom ambiente para o desenvolvimento pessoal. Há momentos em que o ganho financeiro é maior; em outros, o que se ganha é o conhecimento. Ou seja, o Marketing de Relacionamento, diferentemente da maioria dos negócios mais tradicionais, proporciona muitos e variados ganhos. Eles podem oscilar, mas aqui você sempre ganha.

DESISTIR OU INSISTIR?

Assim que você começar a colocar foco demais nas dificuldades desse modelo e a enaltecer os desafios que encontrará pela frente, esteja certo de que estará no caminho de *desistir* e de perder uma grande oportunidade.

Há momentos em que você será tentado a questionar a qualidade dos produtos, o posicionamento de preços e até a gestão da empresa. Cuidado! Fazer isso para explicar o seu fracasso é algo extremamente emocional – e está errado. Analise com a razão, com fatos verdadeiros e não inventados. Já vi muita gente criticar coisas que costumava elogiar até pouco tempo antes.

Como fazemos, então, para diferenciar a razão da emoção? O primeiro ponto é conectar-se com o que você deseja para a sua vida, independente das suas habilidades, das dificuldades que aparentemente esse modelo comercial possa apresentar ou das dificuldades que a empresa que você representa estar passando. Conecte-se com o seu desejo. Isso manterá sua crença elevada. Na sequência, conecte esse desejo (que chamamos de seu "porquê") com a *vibe* da empresa e das pessoas que nela estão. Se a *vibe* estiver errada, se ela não for o que você esperava, sua crença pode, sim, ser abalada. Por outro lado, se a *vibe* é certa e tem total conexão com você e com seu porquê, nada mais abalará sua crença, mesmo que passe por momentos desafiadores.

Assim como em um relacionamento, enquanto existe amor, existe solução. O amor pelo que você faz deve ser alimentado todos os dias. Um processo muito eficiente é fazer uma reflexão diária, assim como na espiritualidade, de tudo que você já viveu, das razões pelas quais está desenvolvendo o negócio e da qualidade das pessoas com quem trabalha. A crença vem de um processo diário e contínuo de fortalecimento. É preciso se lembrar de todas as razões que fizeram com que você tomasse a decisão de estar ali.

Mudei de empresas algumas vezes em minha carreira. No entanto, nunca fiz essas mudanças guiado pela emoção. Sempre, absolutamente sempre, fiz porque o veículo em que estava já não me levaria para o lugar onde eu queria estar, seja por motivos profissionais ou pessoais.

As pessoas desistem por terem deixado de acreditar. Permitem que suas crenças sejam abaladas. Muito vezes, começam a falar com líderes de outros negócios que, por interesse próprio, abalam a crença delas. Outras, mesmo que não migrem para empresas com o mesmo modelo comercial, desistem porque deram ouvidos aos negativos e aos roubadores de sonhos. Se um dia você desistir do negócio que desenvolve, faça isso apenas depois de ter analisado todos os fatos. Tome a decisão baseado apenas em sua própria opinião. Não se deixe contaminar pela opinião de outras pessoas, independentemente da intenção que elas possam ter.

Como em qualquer negócio, você passará por momentos de dificuldade e até mesmo de cansaço. Dê uma pausa para analisar sua situação em vez de simplesmente desistir. Essa pausa é fundamental para que tome uma decisão mais sólida e assertiva. Cuidado com decisões simplistas, realizadas em momentos de crença abalada. É preciso empenho para que o casamento, que é um grande exemplo de relacionamento, dure por muitos anos. Um negócio não é diferente. É necessário ter discernimento, paciência e cautela para passar por desafios. Quando trabalhados da forma correta, esses desafios fazem com que você evolua.

Se após analisar profundamente, você constatar de fato problemas crônicos e morais na empresa em que está, aí sim é hora de pensar em mudar. É evidente que sempre haverá problemas em nossas vidas e são eles que nos fazem melhorar. Já vi empresas crescendo e superando todos os tipos de desafios. Isso porque elas tinham valores e princípios sólidos. Evite desistir buscando uma solução mágica em outro relacionamento (empresa) para problemas que você tem hoje. Os relacionamentos mudam, mas os problemas, outros problemas talvez, continuam.

E o que é, então, insistir? Insistir é você continuar na empresa, mesmo quando já percebeu que ela, ou os líderes dela, não têm a atitude e os valores corretos e você já não se vê fazendo parte daquele grupo.

Todas as vezes que decidi ir para outra empresa foi porque meus valores ou minha visão de futuro já não batiam com aquela empresa. Não mudei porque enfrentávamos problemas. Mudei quando aquele negócio já não se aplicava ao meu momento de vida. Mesmo assim, sempre preferi demorar a tomar uma decisão de saída do que agir em momentos de desespero. Nunca tome a decisão de sair de uma empresa pela emoção. Nunca desista no impulso. Espere e tome a decisão com calma. Não há qualquer problema em desistir de algo, desde que da forma certa. A forma correta é tomar a decisão certa aliada ao processo certo.

Quando desistimos, por natureza humana, queremos primeiro colocar a culpa em fatores externos. Esse é o maior erro de líderes que saem de uma empresa para outra. Talvez, também pela vontade de tentar arrebanhar o maior número de pessoas, eles começam a colocar a culpa em tudo e em todos. O que era perfeito outrora passa a ser a pior coisa do mundo. Falarei um pouco mais sobre isso no capítulo "*Ética*". Por hora, quero falar do processo que leva a esse ponto.

O motivo não é meramente financeiro e ganancioso. Sim, é claro que tem muita gente que pensa com o bolso e não com a cabeça e o coração. Tais pessoas normalmente fazem qualquer negócio e topam tudo por dinheiro, inclusive trair relações que antes eram boas ou até ótimas.

O que quero tratar aqui é um processo ladeira a baixo para a desistência. Se você, em algum momento, entrar nessa *vibe*, tome muito cuidado porque o caminho está errado. Podemos detectar esse processo quando começamos a reclamar do que não está sob nosso controle, em vez de colocarmos foco no que temos controle – que é, em geral, na nossa própria atividade.

Quais são os degraus para descer rumo à desistência? Aqui estão eles:

Ladeira a baixo para desistência

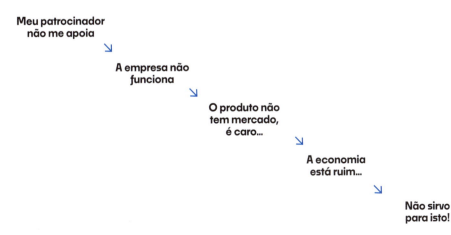

A culpa é do meu patrocinador

Muitas vezes, culpamos a falta de apoio de cima (do *upline*) pelo nosso fracasso. Na verdade, o que vem de cima é apenas um presente. Você não depende de ninguém além de você para ter sucesso. Seu negócio é de você para baixo. O que vem de positivo de sua linha ascendente é um prêmio, sem dúvida. Você não precisa, porém, do apoio direto ou indireto de ninguém, assim como sua organização também não depende de você. Há, sim, um apoio que pode ajudar muito, mas que nunca deve ser fundamental.

A culpa é da empresa

São muito raros os casos em que uma empresa pode interferir negativamente no seu negócio. Todas elas enfrentam desafio em alguns momentos, como questões relacionadas a suprimentos de produtos, à logística e ao sistema de tecnologia. Isso não é motivo para sair. Os problemas se resolvem com o tempo. Do ponto de vista corporativo ou mesmo do campo, sempre existirão algumas situações que fogem ao controle de qualquer um. Com a atitude certa, porém, tudo voltará a ficar bem. Um problema pontual, ainda que demore um pouco mais de tempo, não pode ser motivo para desistir ou descer um degrau rumo à desistência.

A culpa é do produto

Se você está desenvolvendo um negócio é porque, em algum momento, acreditou na oportunidade que ele oferece ou nos produtos que ele tem. Isoladamente, um produto não deve ser motivo para descer mais um degrau. Como já disse antes, lançamentos constantes auxiliam e resolvem muitos problemas. Às vezes, porém, os novos lançamentos demoram a ocorrer. Culpar um ou mais produtos por descer um degrau rumo à desistência é um grande erro. Os produtos são fundamentais. Contudo, representam apenas um aspecto tangível do negócio e podem ser melhorados continuamente.

A culpa é da economia

Um dos maiores erros é culpar a economia. Todo país sempre terá momentos de crise e momentos de crescimento. É um processo cíclico. A grande vantagem de nosso país é que nos períodos de crescimento econômico se vende mais e, em época de crise, mais pessoas estão em busca de oportunidades. A crise nunca será um problema, mas sim uma oportunidade.

A culpa é minha

A culpa nunca será sua. A responsabilidade, sim. Não há um perfil certo para esse negócio, mas sim atitudes certas. A responsabilidade será sua, se você não tiver as atitudes certas. Acredito profundamente que as atitudes certas sejam o maior fator crítico de sucesso nesse negócio, fundamentais no processo de conquista da liberdade.

Uma das formas mais eficientes para manter ou mudar a *vibe* para a energia certa é olhar sempre tudo de positivo que se tem em vez de colocar foco no negativo. Veja tudo que está sob seu controle e não reclame daquilo que não depende de você. Muitos líderes que tiveram bastante sucesso entraram nessa ladeira até desistirem. Pior ainda, saíram falando mal de coisas de que costumavam gostar e passaram a não gostar mais. Não foram as coisas que mudaram, mas sim a própria pessoa. O negócio era o mesmo. Talvez, o próprio líder tenha deixado de fazer o que antes fazia e lhe dava resultados. Sempre que você estiver negativo, recolha-se e comece um processo de análise real, olhando mais para você mesmo do que para o externo. Tenha sempre uma atitude importante: faça o melhor que pode com tudo o que tem!

O sucesso virá como consequência das suas ações e da sua postura como empreendedor. Nunca haverá momentos constantemente perfeitos. Sempre temos o que evoluir, corrigir ou melhorar. O sucesso e a manutenção dele dependem da evolução contínua de todos os aspectos e áreas do negócio.

COMO SE RELACIONAR MELHOR COM AS PESSOAS

Como já disse várias vezes aqui, a habilidade de se relacionar de forma eficiente com as pessoas é um fator muito crítico de sucesso nesse negócio. Vamos deixar algo bem claro: se você não gosta de se relacionar com pessoas, o Marketing de Relacionamento não é para você. Difícil? Sim, mas é absolutamente verdade. Outra verdade é que, se você não gosta de se relacionar com pessoas, talvez poucos negócios sirvam para você. Relacionamento é tudo em todos os negócios – e cada vez mais. Saber se relacionar com as pessoas é um fator crítico de sucesso nessa e em qualquer indústria.

NÃO É FÁCIL!

Nas apresentações de negócios, normalmente falamos que esse negócio não é fácil nem difícil. Dizemos que ele é simples. Sim, é simples porque, se você fizer as atividades certas, na intensidade certa, você poderá ter muito sucesso. Talvez, a parte menos fácil seja se relacionar com pessoas.

Temos, naturalmente, atração por coisas fáceis, mas *nem tudo que é bom é fácil e nem tudo que é fácil é bom!* Há, no entanto, uma forma de se relacionar bem com as pessoas e essa forma está totalmente relacionada a atitudes certas para ter relacionamentos de qualidade.

MOSTRE VERDADEIRO INTERESSE!

Ao se relacionar com as pessoas, mostre que você está mais interessado nelas do que na vontade de ganhar dinheiro com elas. Evite sair falando do negócio logo de início ou só falar em negócio. Principalmente com família e amigos, deixe o tema "negócios" aparecer de forma natural. Muitos empreendedores ficam tão fascinados com o negócio que só falam dele o tempo todo. Isso não quer dizer que você não deva comentar o que faz.

RELACIONE-SE DE FORMA NATURAL!

Relacione-se com as pessoas de forma natural. Você se sentirá tentado a sair ligando para as pessoas desesperadamente ao iniciar o negócio. Evite isso. Estreite relacionamentos mais distantes para, então, falar do negócio. Ligue para as pessoas, pergunte como estão e o que estão fazendo. Aproxime-se e, então, marque um encontro pessoal.

EVITE COMUNICAÇÃO AGRESSIVA!

Evite sempre, de todas as formas, qualquer comunicação agressiva. Já vi muitas pessoas utilizando formas agressivas para convencer alguém de desenvolver o negócio ou de comprar os produtos. Perguntas como "você é burro?, "não quer ficar rico?", "não quer usar um produto de qualidade? Vou provar para você que funciona!". Essa abordagem serve apenas para criar uma legião de inimigos e de pessoas que passarão a torcer contra você. São os que gostam de comentar nos bastidores que você "ficou louco" ou "chato" porque está desenvolvendo um negócio.

SAIBA LIDAR COM O NÃO!

Você receberá muitos "nãos" e eles fazem parte de tudo na vida. Já imaginou quantos "nãos" um corretor de imóveis ou de seguros deve receber? Já percebeu quantos "nãos" aqueles vendedores de assinaturas de revistas em quiosques recebem, mesmo oferecendo brindes para as pessoas? E entregadores de folhetos nos faróis? E quando você está buscando um relacionamento amoroso?

É claro que sua atividade não se assemelha a qualquer uma delas, mas o "não" também será parte de seu dia a dia. Muitas pessoas dirão "não" para o negócio, para o produto ou até para elas mesmas. O "não" delas não é para você. Nunca leve para o lado pessoal. Cada "não" sempre irá aproximá-lo de um "sim". Isso é um funil.

FALE COM QUEM QUER FALAR COM VOCÊ!

Haverá pessoas que irão julgá-lo, pessoas que tentarão convencê-lo de que o negócio não funciona, seja por uma experiência ruim que já tiveram, seja por que não acreditam ou apenas por serem céticas e polêmicas. Fale com quem quer falar com você, fale com quem quer escutá-lo. Simples assim.

VOCÊ NÃO PRECISA CONVENCER NINGUÉM DE NADA!

Para ter sucesso, você precisa envolver pessoas, e não as convencer. Muita gente acaba queimando seus contatos por tentar convencê-los. O resultado vem sempre como consequência de um bom relacionamento. Um "não" hoje pode ser um "sim" amanhã. Evite ser insistente e, com isso, ganhar um "não" definitivo. Não quero dizer que você deva se satisfazer com as objeções. Há pessoas que dirão que não têm tempo, que não têm dinheiro, que não têm perfil. Você pode se aproximar delas e, então, trabalhar a objeção de cada uma. Diga, por exemplo: "Entendo que você não tem tempo, eu também achava que não tinha, mas acabei me organizando e hoje desenvolvo o negócio" ou "Entendo que você acredite que não tenha o perfil, eu também nunca havia vendido nada e me surpreendi porque o negócio não é de vendas, é de relacionamento."

VOCÊ NÃO PRECISA PROVAR NADA PARA NINGUÉM!

Ao conquistar o sucesso, ou mesmo antes dele, tenha uma energia boa, leve. Você não precisa provar nada para ninguém. Não inclua sentimentos como raiva ou ódio ao desenvolver o negócio com o objetivo de provar para os negativos e os céticos que o negócio funciona. Não saia provocando as pessoas, enviando fotos ou vídeos provocativos que exibam seu sucesso. As pessoas, por si só, perceberão que estavam erradas. Pessoas que em algum momento duvidaram de você nem sempre admitirão que estavam erradas. Aproxime-se dos que acreditam. Deixe os que não acreditam onde estão. Siga em frente.

SAIBA DAR FEEDBACK PARA AS PESSOAS!

Feedback é um presente. A nós apenas damos um *feedback* verdadeiro para quem nós nos importamos. Você precisará dar *feedbacks* para *prospects*, consumidores e, principalmente, para membros da sua equipe. A melhor forma de fazer isso é utilizar a estratégia PNP (Positivo-Negativo-Positivo). Ao iniciar a conversa, coloque alguma informação positiva. Depois, caso houver, fale do ponto que precisa ser melhorado e termine com um comentário positivo. Você deve ser sempre verdadeiro. Utilize, ao comunicar o negativo, uma linguagem mais suave como "eu acho", "eu percebo". Isso porque não somos donos de nenhuma verdade absoluta. Um exemplo: "admiro muito sua vontade de trabalhar e sua determinação. Percebo, no entanto, que você tem feito de forma muito impulsiva, pode ser apenas uma percepção. Se você se planejar melhor e for mais estratégico terá mais resultados. Acredito muito no seu potencial e sei que pode ter muito sucesso". Esse discurso é totalmente diferente de afirmar: "você é muito desesperado e está fazendo errado". Entende?

SEJA POSITIVO!
É muito fácil reclamar de tudo o tempo todo quando não temos nada de bom para falar. Utilizamos, naturalmente, a reclamação como um "quebra gelo". Reclamamos do trânsito, do trabalho, do cansaço, da política, do tempo e da economia. Ninguém merece receber sua negatividade. Tenha uma visão positiva e, mesmo quando negativo, guarde esse pessimismo para você, para seu terapeuta, para um amigo confidente ou para suas orações. Nunca dissemine negatividade. Ao contrário, contagie as pessoas com sua positividade.

APROXIME-SE DE PESSOAS POSITIVAS E SE AFASTE DAS NEGATIVAS!
Há pessoas que veem tudo de forma negativa. São as que não querem ter esperança em nada, que acreditam que vieram ao mundo para sofrer. Acreditam que não existe sucesso honesto. Muitas não compartilham da mesma visão de mundo e de negócios que você. Afaste-se delas, por mais próximas que sejam. Se forem membros da família, fale apenas sobre assuntos familiares. Se forem amigos, trate de todo tipo de assunto, menos os relacionados ao negócio. Evite discussões. De cada pequena discussão pode vir uma guerra e na guerra todos perdem. O maior prejudicado será você que, de alguma maneira, poderá ter a crença abalada.

SEJA SIMPÁTICO!
Seja sempre cordial e simpático, mesmo para as pessoas que viram a cara e não respondem ao seu animado "bom-dia" no elevador. A simpatia torna o dia mais leve e o aproxima de muita gente. O pessoal do seu condomínio, por exemplo, em algum momento pode se aproximar. Quem sabe não surjam grandes oportunidades de negócios ou mesmo novas amizades? Sem que haja necessariamente um interesse direto,

relacione-se com todos e vá se aproximando pouco a pouco de forma natural.

SAIBA OUVIR!

Existem aquelas pessoas com quem não se tem um diálogo. É apenas um monólogo, só elas falam. Não seja assim. Fale e saiba escutar. Tenha real interesse no que as pessoas falam. Já percebeu que as pessoas que falam o tempo inteiro sempre acabam falando sozinhas? As pessoas querem se relacionar para ter uma troca e não apenas para receber informação sobre os outros.

SEJA GENEROSO, GENTIL!

Gentileza gera gentileza. Generosidade aproxima as pessoas de forma carinhosa. Dê passagem para as pessoas, abra a porta para elas, ajude quem precisa ser ajudado, faça o bem sem esperar nada em troca. Torne isso um hábito.

SEJA OTIMISTA!

Sabe qual é a diferença entre um otimista e um pessimista? O otimista sofre menos quando algo não dá certo. O pessimismo não leva a lugar algum. Enxergue o mundo de forma otimista, foque no positivo e tenha sempre esperança. Tudo tem um lado positivo. Não há mal que não traga um bem. Evite se enganar dizendo que é realista. Você enxerga a realidade como quiser, positiva ou negativamente.

SEJA HONESTO!

Honestidade não é uma qualidade, é uma obrigação. Siga sempre as leis, as normas e as políticas. Não há mais nada para falar nesse item.

SEJA ÉTICO!

Há um capítulo nesse livro que fala exclusivamente sobre ética. Faça seu melhor para sempre ter altos padrões éticos em seu dia a dia. A falta de ética custa caro, ainda que traga um benefício momentâneo. Nosso maior patrimônio é nossa reputação e ela é criada pelos padrões éticos que estabelecemos. O simples fato de pensar no impacto que suas ações têm sobre os outros e evitar que esse impacto seja negativo já ajuda a aumentar seus padrões éticos. O amor ao próximo e a preocupação com a coletividade também são chaves para isso.

SEJA RESPEITOSO!

Por mais que escute muitos absurdos e que discorde de muita gente, seja sempre respeitoso. Mesmo quando alguém agredi-lo verbalmente, não caia na tentação de perder o respeito. Não aceite também a falta de respeito de ninguém. As pessoas podem ter opiniões diferentes umas das outras. O respeito, porém, jamais deve ser perdido. Não há relacionamento sem respeito.

SEJA CARISMÁTICO!

Carisma é algo que podemos desenvolver. Quanto mais evoluímos, quanto mais gentis, verdadeiros, honestos, éticos e positivos somos, mais carismáticos tendemos a nos tornar. Carisma é o conjunto de habilidades de encantar pessoas, despertando nelas aprovação ou simpatia. Seja bondoso e tenha uma intenção legítima com elas. É importante acreditar também profundamente em seus próprios valores, propósitos e no projeto que desenvolve. Todos nós queremos estar com pessoas do bem e que acreditam fortemente em algo maior.

SEJA ALEGRE!

Transforme os ambientes em que você estiver. Sorria. As pessoas estão observando-o constantemente. Seja alegre sem ser o *bobo da corte*. Ria e brinque. Não seja sério demais. Há momentos nos quais a descontração é fundamental. Ela quebra o gelo, destrói as barreiras da mente e permite entrarmos no coração das pessoas.

SEJA PRESENTE!

Mantenha quentes as relações. Esteja próximo sem ser pegajoso. Participe das conversas e evite ficar conectado no celular enquanto estiver com as pessoas ou durante as apresentações e os eventos.

SEJA VERDADEIRO!

Tenha uma intenção legítima com as pessoas. Goste delas. Fale sempre a verdade e nunca queira reconhecimento por algo que você não é. Deixe o reconhecimento vir naturalmente. Seja você mesmo, melhor todos os dias.

SEJA OBSTINADO!

Uma vez definidos seu propósito e seus sonhos, seja obstinado por eles. Tenha um desejo ardente pelo que definiu para você. Persiga seus sonhos.

Obstinação significa agir todos os dias intensamente para conquistar seus objetivos. Isso é diferente, no entanto, de ser obcecado. Uma pessoa obcecada faz qualquer coisa para atingir seus objetivos.

CALE SEUS SABOTADORES INTERNOS!

Todos nós temos sabotadores internos que foram colocados em nossas mentes durante a vida. Sempre que você se agredir ou achar que não merece algo são seus sabotadores falando mais alto. Se você quer alguma coisa, vá lá e conquiste. Não há nada, absolutamente nada, que não possa ser construído ou realizado.

SAIBA PERDOAR!

Você poderá ser traído muitas vezes, intencionalmente ou não. Saiba perdoar. Deixe seu ego, mais uma vez, de lado. Veja o que é responsabilidade sua e o que não é. Foque em você, não no outro. Saber perdoar é libertador, ainda que achemos que a pessoa não mereça o perdão. Você também não merece carregar a energia da raiva e do rancor em seu coração.

SEJA DISCIPLINADO!

Disciplina nada mais é do que manter o foco no que você planejou. Esse foco está nas ações necessárias para conquistar o que se quer. Aprendi com um dos meus mentores a seguinte fórmula: disciplinas diárias, praticadas diariamente, criam hábitos.

SEJA PACIENTE!

Respire fundo toda vez que estiver a ponto de explodir ou de desistir. A paciência é uma das maiores virtudes, tanto nos relacionamentos como nos negócios.

SEJA PERSISTENTE!

Não desista com facilidade. Os resultados são sempre consequência das atividades certas, com as habilidades desenvolvidas continuamente no tempo certo. Persistir é continuar fazendo o que tem que ser feito. Cuidado! Fazer a coisa errada ou não fazer o que tem que ser feito é insistir e não persistir.

COMO LIDAR COM AS ARMADILHAS E ERROS MAIS COMUNS

Ao longo de minha trajetória, percebi uma infinidade de erros que se repetiram em praticamente todas as empresas de Marketing de Relacionamento. Esses erros são sempre cometidos por pessoas, tanto do corporativo como do campo.

Um dos meus grandes mentores sempre diz o seguinte: "não há erros novos. Há pessoas novas cometendo erros antigos". Ele também fala que: "90% do que aparece para você são distrações; 10% têm substância".

Nesse capítulo, quero comentar alguns dos erros mais importantes e mais cometidos no Marketing de Relacionamento.

ERRO 1
VOMITANDO O PLANO

O primeiro erro é sair "vomitando" o plano de negócios e querer empurrar os produtos ou negócio para todas as pessoas que você encontra.

Fazer uma lista de contatos dinâmica e acrescentar constantemente nomes a ela é, sem dúvida, uma das atividades mais importantes para o sucesso de seu negócio. Isso não significa, no entanto, que você tenha que "vomitar" tudo, para todos os lados, de forma indiscriminada. Esse é, inclusive, um dos principais motivos pelos quais muita gente falha no negócio. Ao sair falando desesperadamente sobre a oportunidade e os produtos, os empreendedores são atacados em suas crenças, envergonham-se e acabando deixando de acreditar. Como consequência, param. A fome por sucesso imediato, infelizmente, leva a isso. É o "fazejamento" em vez de um bom "planejamento".

ERRO 2
EXPECTATIVA DE RESULTADOS IMEDIATOS

Todos querem dinheiro rápido e de forma simples. Nós temos o costume de falar que esse é um problema do brasileiro. Na verdade, trata-se de um problema presente no mundo inteiro.

Em minhas palestras sobre felicidade, costumo dizer: "Quanto mais rápida a obtenção do prazer, menos saudável e sustentável ele é." Essa afirmação também é válida para o sucesso nos negócios e o sucesso financeiro. Não digo que não existam formas de se obter sucesso de maneira rápida. Existem. Qualquer crescimento rápido, porém, precisa de consolidação. Veja, por exemplo, os artistas. Um cantor que faz muito sucesso repentinamente até ganha muito dinheiro, mas a verdade é que para consolidar e solidificar a carreira, é necessário trabalhar duro e com as atitudes certas.

Não há certo em resultado lento ou em resultado rápido. *O certo é resultado sólido e ético, independentemente do tempo.*

Outra coisa importante é que expectativa apenas traz frustração. *Expectar* quer dizer esperar e esperar não leva ninguém ao sucesso. O caminho correto é transformar a expectativa em plano, ou seja, em sonhos, objetivos e metas e, finalmente, em ação! É o que chamamos de "plano de ação."

ERRO 3
COMPARAR SEM FILTRO
SEU SUCESSO COM OS DEMAIS

Já vi muitos líderes promissores desistirem de seus negócios por compararem de forma equivocada seu crescimento e seus resultados com os de outros líderes. Na maioria dos casos, o ego é um dos grandes responsáveis por isso. *As pessoas trabalham para viver, mas matam ou morrem por reconhecimento!*

Essa forte questão de ego acontece quando há uma desconexão ou um mau entendimento do "porquê" que levou à decisão de fazer aquele negócio. Um porquê legítimo não só ajuda a crescer de forma estruturada, contínua e até acelerada em muitos momentos, como também é fundamental para se manter firme, mesmo com desafios. Todo negócio tem altos e baixos, como tudo na vida. Há períodos em que você está por cima. Em outros, nem tanto. As dificuldades, porém, ajudam-nos a evoluir. Sim, muitas pessoas crescerão mais do que você ou de forma mais rápida, mas o que importa, realmente, é o seu resultado.

Olhe para você e olhe para frente. Não olhe para os lados, nem para trás. Todo seu resultado será fruto do que você fez no passado. Um reconhecimento é apenas uma celebração de um trabalho feito. Nos momentos em que você não estiver satisfeito com o que está colhendo, comece a plantar mais e melhor para poder colher mais e melhor no futuro. O reconhecimento é consequência do que você faz e não de quem você é.

ERRO 4
"PINZITE" AGUDA

Já falamos sobre reconhecimento e os desafios que ele pode trazer. Quero falar, agora, sobre uma "enfermidade" que pode surgir com o reconhecimento. Ela se chama *"pinzite"* e, em alguns casos, chega a ser aguda. Os efeitos dela vão desde o sofrimento crônico interno até a autodestruição. Por mais engraçado que pareça, é muito triste quando isso acontece.

A relação imatura com a gestão do ego pode levar a loucuras. Já vi muitas dessas loucuras sendo feitas. Já vi, por exemplo, líderes que construíram organizações grandiosas com trabalho duro e correto brigarem com seus próprios líderes e acabarem por destruir tudo de bom que fizeram. Vi, também, conflitos entre líderes e a gestão corporativa das empresas, o que serviu para trazer instabilidade em relações, até então, muito boas. Como acontece tudo isso? O excesso de autoconfiança, a falta de humildade e sensação de poder são, infelizmente, os responsáveis. Lembre-se: *o sucesso e a manutenção dele estão totalmente relacionados à sua evolução pessoal e profissional.*

Certamente, haverá momentos em que você crescerá muito e se destacará. Continue sempre sendo quem você é. Uma das maneiras que pessoalmente sempre utilizei nesses casos é separar quem eu *sou* de quem eu *estou*. Quando presidente de empresas, nas três vezes até agora, sempre separei o *Presidente* do *Mauricio*. Eu sempre sou o Mauricio Patrocinio, mas estou ou estive como presidente de empresa em alguns momentos. Tenha uma mesma atitude em relação ao seu PIN. Seu nome representa quem você é. Seu PIN representa o resultado do trabalho que você fez para recebê-lo. Faça com que as pessoas admirem quem você é, não apenas o resultado que você teve. Seu PIN não prova nada a ninguém. Sua reputação, ao contrário, prova se você é uma pessoa de valor ou não.

ERRO 5
O MEDO DO "NÃO" E A
NECESSIDADE DE SER ACEITO

Muitas pessoas perdem a oportunidade de empreender e de conquistar liberdade e sucesso por medo do "não" e pela necessidade de serem aceitas. Não é bom receber um "não". Mas a verdade é que recebemos "não" todos os dias, desde que nascemos e, muito provavelmente, até o dia que partirmos. Aliás, *melhor receber um "não" verdadeiro do que um "sim" falso.*

Veja um exemplo: você se apaixona verdadeiramente e decide viver junto com essa pessoa. Faz o pedido e ela diz "sim". No entanto, diferente de você, ela não está disposta a entrar na relação de corpo e alma. Mesmo assim, disse "sim", talvez apenas para ter alguém sempre por perto. Certamente, esse "sim" será uma das piores coisas da sua vida, causando tristezas e frustações; ou seja, um "sim" falso, que não valeu a pena.

O Marketing de Relacionamento funciona da mesma maneira. Você quer encontrar uma quantidade grande de "sim" e acaba sempre ouvindo muitos "nãos". Saiba, porém, que cada "não" recebido irá aproximá-lo do "sim".

Você não desenvolve o negócio para ser aceito, mas sim para ganhar dinheiro e conquistar sua liberdade. Ter uma lista de *prospects* constantemente atualizada é umas das principais chaves para seu sucesso. Nesse aspecto, inclusive, nosso negócio não difere de nenhum outro.

A prática leva à perfeição. Quanto mais contatos você fizer, mais eficiente ficará nessa atividade e, consequentemente, encontrará os que querem caminhar ao seu lado. Um "não" hoje pode ser um "sim" amanhã. Da mesma forma, um "sim" hoje pode ser um "não" amanhã. Por isso, é muito mais importante criar conexões com pessoas do que insistir em um "sim" a qualquer custo. Gerencie sempre o medo do "não" e, ao mesmo tempo, a busca obcecada pelo "sim". Procure conquistar e envolver pessoas todos os dias, desenvolvendo relacionamentos que podem gerar excelentes negócios.

ERRO 6
ACHAR QUE, EM ESSÊNCIA, ESSE NEGÓCIO É DIFERENTE DOS DEMAIS

Cuidado! Não crie tanta mística em relação ao nosso negócio. Muitos "experts" acabam querendo mostrar fórmulas mágicas ou o "pulo do gato" para se ter sucesso. Eu vejo de uma forma bem simples. O Marketing de Relacionamento é objetivamente igual a qualquer outro negócio. Ele depende de um fluxo constante de clientes, bem como do crescimento e do desenvolvimento de sua equipe. Todo e qualquer negócio rentável e honesto é igual. Sem novos clientes, não há crescimento nem continuidade. A existência disso, por sua vez, depende essencialmente do relacionamento constante com seus consumidores e com sua equipe.

A diferença primordial do nosso modelo de negócios é o plano de carreira. Enquanto na empresa tradicional as equipes são contratadas, promovidas e demitidas, no Marketing de Relacionamento é o próprio empreendedor que se contrata, se promove e se demite. Desenvolvido de forma ética, é o modelo mais meritocrático que existe. Você ganha de acordo com seu mérito e, pelo seu mérito, cresce e se mantém de forma sólida.

ERRO 7
FALTA DE DISCERNIMENTO (ERRO DA EMPRESA, DOS PATROCINADORES, DA ECONOMIA, ANÁLISE SIMPLISTA DAS COISAS)

Sempre que você perder o discernimento e se deixar levar por conclusões simplistas, em vez de analisar mais a fundo a situação, estará dificultando seu sucesso.

Encare a questão com clareza e busque a verdade de forma estruturada, mesmo que de maneira lenta. Cuidado para não agir impulsiva e desesperadamente. Continue fazendo o básico, cada vez mais e melhor. Mesmo nos momentos de dificuldade, entenda que não há fórmulas mágicas nem erros novos. Há, sim, novas pessoas fazendo coisas antigas e cometendo antigos erros.

Não se preocupe tanto com os erros de fora. Utilize sua sabedoria para perceber o que pode ser melhorado em você mesmo.

ERRO 8
COMPLICAR DEMAIS: BÔNUS CRIAÇÃO, BÔNUS RECLAMAÇÃO, BÔNUS MANIPULAÇÃO...

No Marketing de Relacionamento, você é pago para duplicar e reter. Não é pago para criar, reclamar ou manipular.

Um dos maiores erros ao desenvolver o negócio é querer criar algo novo, tentar achar a grande "sacada", o "pulo do gato". Tome muito cuidado. Nossa mente pode ser perversa e acabar nos sabotando. Em geral, queremos criar para satisfazer nosso ego, para encontrar algo diferente e ter, com isso, reconhecimento.

São muito raros os momentos em que criar gera resultados. Esses poucos momentos ocorrem depois de você já ter esgotado completamente sua lista de contatos e de *prospects*. São momentos de se reinventar. Mesmo assim, a reinvenção, aqui, deve sempre estar conectada a relacionar-se com mais pessoas e não ao modo de treinar melhor ou de crescer de forma mais rápida. Seu negócio é de relacionamento. *Logo, todo foco deve estar em se relacionar com pessoas, identificar suas necessidades e supri-las.* Criar, talvez, caiba apenas nos momentos em que você já atingiu um alto patamar de liderança e solidez e possui experiência e discernimento suficientes.

Outro ponto: "não reclamar" é tão importante quanto "não criar". Atraímos para nós a energia que vibramos. Evite conectar-se ao negativo. Quando você reclama, atrai negativismo para seus dias. Reclamar não resolve problemas. Os problemas têm que ser enfrentados, entendidos e resolvidos. Da mesma forma que falei quando discutimos sobre atitudes, afaste-se de pessoas negativas e, principalmente, não seja o negativo do grupo. Aprendi uma máxima de que gosto muito: "*Notícia ruim, apenas para cima e quando necessário. Para baixo, apenas notícias positivas. Para o lado, normalmente, nada".* Isso significa que quando tiver um problema, trate de resolvê-lo primeiro com a empresa, se for o caso, ou então com seu *upline.* Falar de seus problemas com *downlines* irá minar seu negócio. Da mesma forma, transmitir problemas para *crosslines* ou ouvir problemas deles tirará completamente seu foco e sua energia do negócio.

A verdade é que você sempre terá problemas. Não existe negócio sem dificuldades. Algumas se resolverão de forma mais rápida, outras não. Qualquer negócio é assim.

Por fim, quero comentar sobre o *Bônus Manipulação.* Já vi diversas vezes tentativas de empreendedores de manipular o negócio e de buscar grandes "esquemas" para crescer de forma mais rápida. Mesmo que se consiga esse crescimento em curto prazo, haverá um preço a se pagar em médio e em longo prazo. Sempre, sem exceção. E esse preço, na maioria das vezes, é fatal. Por isso, siga as normas, construa de forma orgânica e acelerada. Não manipule. Faça sempre a coisa certa. *Os atalhos existem, mas são sempre esburacados e neles estão as maiores ribanceiras.* Não assuma riscos desnecessários para seu negócio.

ERRO 9
PEGADINHAS: NÃO FALAR DO QUE SE TRATA

Outro grande erro praticado são as chamadas *pegadinhas.* Os líderes criam formas de atrair *prospects* sem mencionar que o assunto principal é a apresentação de uma oportunidade de negócios. Isso geralmente acontece quando a empresa não tem uma reputação 100% positiva e seus empreendedores temem as objeções.

Muitas pegadinhas já foram utilizadas em nosso modelo de negócio. São os famosos "churrascos surpresa", "encontros de amigos" e até um "meganegócio inacreditável que só pode ser falado pessoalmente". Em todos os casos, o estrago feito é muito grande porque atinge diretamente a sua reputação e a sua credibilidade, que são o maior combustível para seus bons relacionamentos.

Se, por um lado, essa prática pode até funcionar e reunir algumas pessoas, por outro, queima cada vez mais seus contatos e sua reputação. O melhor a fazer é utilizar toda essa energia para, em vez de pegadinhas, reunir as pessoas da forma certa. Assim, você terá resultados e manterá sua reputação intacta.

Trata-se, mais uma vez, de se relacionar com o maior número de pessoas e, então, auxiliá-las a encontrar seu lugar e a sua forma de participar.

ERRO 10
NÃO PRECISA VENDER: SOMOS UM CLUBE DE CONSUMO

Uma das mais frequentes objeções para desenvolver o Marketing de Relacionamento é o *prospect* acreditar que não tem o perfil para vender. Ele diz que não sabe vender ou que não gosta de vender por, provavelmente, parecer uma atividade de pouco prestígio. Com isso, muitos empreendedores, querendo ouvir o sonhado "sim", acabam falando que não é preciso vender para fazer o negócio. Afirmam, portanto, que o negócio é um clube de consumo, ou seja, que basta comprar produtos, consumi-los e cadastrar consumidores.

Um pouco dessa ideia vem de uma cultura que existe nos Estados Unidos. Lá, é muito comum empresas com o modelo de Marketing de Relacionamento crescerem exponencialmente como "clube de consumo". Aqui no Brasil, porém, essa prática não é permitida. Um clube de consumo não é uma atividade legalmente sustentável. Para que exista alavancagem de negócios, é necessário um movimento elevado de consumo e a base de empreendedores, por mais que consuma, nunca será suficiente para isso.

Sempre, em todos os casos, é obrigatório existir uma base de consumidores que não faça parte da organização. Portanto, em vez de afirmar que a venda não é necessária, aprenda a lidar com a objeção de seu *prospect*.

Normalmente, as pessoas que dizem não gostar de vender possuem uma situação financeira melhor. Não têm urgência em vender. Mesmo assim, geralmente, acabam vendendo os produtos apenas por usá-los.

Quem tem o perfil de empreendedor não pode ter vergonha. Alguém com medo do julgamento dos outros dificilmente terá sucesso nesse negócio. Não diga nunca aos seus *prospects* que não precisa vender. Mesmo que eles não tenham perfil ou tempo para vender, eles encontrarão muitas pessoas que estão dispostas a isso. Tudo depende do motivo pelo qual o futuro empreendedor fará o negócio. Muitos, pela própria necessidade financeira, venderão com gosto os produtos.

A liberdade que o Marketing de Relacionamento proporciona depende de uma base sólida de consumidores. Além disso, ela é fundamental do ponto de vista jurídico.

EQUIPE E LIDERANÇA

Ter um negócio de sucesso baseado no Marketing de Relacionamento implica, logicamente, ter uma equipe de pessoas trabalhando junto com você. Ou seja, você vai precisar desenvolver algumas habilidades de liderança e, acima de tudo, ter sempre em mente que *tudo o que você fizer será duplicado pela sua equipe.* O que você fizer, sua equipe fará. Seu modo de agir será o referencial para as ações de seus *downlines.*

Portanto, sua postura pessoal, profissional e ética serão modelos de referência para que o seu negócio seja construído dentro desses mesmos padrões. Dito isso, podemos agora falar de atividades e valores que se tornam especialmente mais poderosos na medida em que sua equipe cresce.

PARA TER SUCESSO, É PRECISO CRIAR MOMENTUM

Momentum é uma palavra muito utilizada no nosso negócio, sendo, inclusive, um dos elementos mais importantes para o fator "liberdade". Usamos *momentum* para explicar o fenômeno de obter um crescimento além do seu esforço direto. O *momentum* acontece quando você tem um modelo comercial eficiente em toda a sua equipe. Ele é percebido especialmente quando você identifica avanços de títulos de pessoas que você nem imaginava que estavam na linha de crescimento. Sua organização atinge uma dimensão maior do que você pode dar conta diretamente, o que é fundamental para que seu negócio vá para um patamar mais alto.

Quando falo de renda residual e de ganhar mais do que se trabalha, esteja certo de que estou falando, indiretamente, da manutenção do *momentum* em sua organização.

Para entender como criar *momentum*, é importante que você saiba que, após ter criado a base de seu negócio e encontrado os construtores, é hora de aprender a lidar com as massas e com o movimento dessas massas. O Marketing de Relacionamento é altamente emocional.

O exemplo mais comum de renda residual, já comentado antes, é o de um compositor ou cantor. Ele faz um trabalho inicial de criação e de forte divulgação até cair na graça do público. A partir daí, sua canção passa a ter vida própria. No Marketing de Relacionamento, cria-se *momentum* para que se tenha, da mesma forma que o cantor, um "hit de sucesso". Você irá, portanto, construir a base de um negócio que, em outro momento, terá vida própria.

Existe um processo para a criação do *momentum*. Veja o fluxo a seguir:

FLUXO DA CRIAÇÃO DE MOMENTUM

Tudo começa com um modelo comercial eficiente, diretamente conectado ao desenvolvimento positivo do seu negócio. O modelo mais simples é apresentar produtos e a oportunidade de negócios todos os dias. Lembre-se de que seu maior chefe é a sua agenda. Quando sua agenda está cheia de apresentações marcadas, seu negócio tende a crescer. Na descrição das atividades, falei sobre a lista de contatos, a qualificação dessa lista, o contatar/convidar, os encontros/apresentações, o fechamento, o acompanhamento e, finalmente, a duplicação. Tudo isso é realizado com o objetivo de encontrar construtores e ter uma base de clientes e de empreendedores ativos em sua organização.

Ao desenvolver esse modelo básico de negócios, você efetuará vendas e cadastros, o que, inicialmente, trará resultados para você. Tais resultados servem de exemplo para sua organização e geram alinhamento; ou seja, outros passam a fazer consistentemente o que você faz, e assim por diante. A repetição obstinada desses passos gera *momentum* – uma massa crescente de pessoas fazendo a mesma coisa todos os dias, obtendo resultados e se alinhando com mais pessoas. O famoso boca a boca, nesse caso, voltado à atividade. Aliás, atividade é igual à renda.

Tudo começa com a atividade básica aliada à duplicação. Amigos fazem o que amigos fazem! Seja sempre um exemplo em atitudes e em atividades!

No início, você deve ser exemplo no que se refere à atividade, não necessariamente a conhecimento, atitudes ou sabedoria. Esses se ganham com o tempo e não é primordial tê-los para criar o primeiro *momentum* em sua organização. Quanto mais você fizer o básico e duplicá-lo, mais próximo estará do *momentum*. Foque no básico, sem ser imediatista ou simplista demais. Leia e releia os 7 passos da criação e aquecimento das relações para entender bem que *todo o exagero é burro*!

FAÇA MUITO O BÁSICO! SEMPRE!

O *momentum* em sua organização será fortalecido, quando você encontrar seus construtores, como já comentei. Tenha a convicção de que eles virão de onde você menos imagina e que grande parte deles você nem conhece ainda. O mesmo se aplica à sua organização. Trata-se de *garimpar*, como me disse há muito tempo uma grande líder dessa indústria. Você encontrará muita terra (sua lista de contatos); nela, encontrará bronze, prata, ouro e diamantes. Os diamantes são os construtores.

Criar *momentum* não é difícil, mas requer tempo, constância e consistência. Muitos empreendedores estão a um passo de criar *momentum* em sua organização e, de repente, mudam o modelo comercial e as atividades. De mudança em mudança, acabam atrasando seu *momentum* ou até impossibilitando sua criação. Não invente. Faça o básico e duplique-o. Ponto!

Existem também aqueles empreendedores que destroem seu *momentum* mudando o que estava dando certo. A base do *momentum* é sempre a mesma, ou seja, fazer o básico. Com o tempo, serão, sim, adicionadas outras atividades, mas serão atividades relacionadas ao desenvolvimento pessoal e não a uma brusca mudança no modelo comercial. É evidente que o modelo pode evoluir, mas evoluir não significa mudar.

Pense que você está levando um rebanho de pessoas para um lugar, todos na mesma direção. Qualquer movimento brusco dispersará a multidão e dissipará a energia criando dificuldades ou destruindo o *momentum*.

Vale destacar que ter valores e princípios sólidos e fazer a coisa certa também são essenciais para a manutenção do *momentum*.

O SISTEMA

Uma das estratégias importantes para a manutenção e a aceleração do *momentum* é o sistema. Agora, quero desmistificar algumas coisas sobre ele.

O que é um sistema em nosso negócio? Nada mais é que um conjunto de atividades que visam à captação e ao desenvolvimento de novos empreendedores e de novas lideranças. Em um sistema, há treinamentos de habilidades, de desenvolvimento pessoal, além de reconhecimento, socialização, diversão e, sobretudo, há atividades. Sistema significa sistema de trabalho. Um bom exemplo são as franquias. As franquias têm um padrão de atividades e de processos que são replicados em todas as lojas, de forma que o consumidor sinta a mesma energia e o mesmo ambiente, independente da loja em que estiver. No Marketing de Relacionamento não é diferente. Ao construir uma organização e, principalmente, ao criar *momentum*, será necessário um sistema padronizado de atividades e de processos para a continuidade e o crescimento do negócio.

As atividades devem ser sempre o primeiro foco de um sistema de trabalho. Ainda que cada pessoa tenha sua maneira de falar e sua história, a base das atividades tem que ser a mesma. Histórias diferentes são, inclusive, muito importantes para a obtenção de resultados massivos. Cada pessoa se identifica com um perfil diferente e com uma história diferente. Ao unir as equipes, haverá pessoas de outras organizações que se identificarão com sua história e vice-versa, ainda que cada uma seja de equipes diferentes. É o coletivo ajudando o individual.

REUNIÕES SEMANAIS

Ao realizar encontros 1-1 e apresentações de negócios, você começa a cadastrar pessoas que, passo a passo, farão o mesmo. À medida que uma equipe vai ganhando corpo, passa-se a organizar apresentações coletivas. Essas apresentações podem acontecer em um café ou mesmo em casa para grupos de até 10 pessoas. Com o crescimento, é preciso organizar mais reuniões coletivas ao longo da semana, até chegar o momento de ir para um hotel.

Entenda que a evolução do sistema de trabalho em uma organização nada tem a ver com mudar a atividade, mas sim em agregar novas atividades. O básico deve continuar a ser feito sempre, em todos os momentos. As apresentações coletivas complementam o básico.

Um *prospect*, muitas vezes, como dito anteriormente, pode precisar de mais de uma reunião ou de um encontro para tomar sua decisão. Esse encontro vai desde um acompanhamento até uma reunião diferente da que ele foi. Seja para um novo empreendedor que ainda não tem tanta experiência ou para um empreendedor que já desenvolva a atividade há algum tempo, ouvir pessoas diferentes falando a mesma coisa de forma distinta pode trazer uma compreensão maior e um aumento da crença para a tomada da decisão. Ouvir outras histórias também fortalece o fato de que você não está sozinho e de que existem mais pessoas como você desenvolvendo o negócio, acreditando nele e tendo resultados.

Algo importante é sempre crescer o sistema de acordo com o crescimento da organização. Haverá altos e baixos, reuniões mais cheias e outras nem tanto. Uma reunião cheia não é motivo para já ir para outro patamar do sistema, de maior complexidade. Aguarde a constância disso (nesse caso, reuniões cheias sempre) para dar o próximo passo. Uma reunião cheia sempre é resultado de uma quantidade significativa de encontros pessoais. Quanto mais encontros 1-1, mais pessoas irão às reuniões. Tudo tem que ser feito passo a passo.

Ao evoluir para uma reunião coletiva, evite planejar com seu otimismo. Vá para um local maior, porém tenha os pés no chão. É melhor que a reunião tenha pessoas em pé ou fora da sala do que sobrarem cadeiras. Se você tem cem confirmações para a reunião, coloque cinquenta cadeiras. Normalmente, existe uma quebra entre os que falam que irão e os que, de fato, compareçam. Isso ocorre em todos os negócios, até em seu aniversário e casamento, como já comentei. A média de pessoas que não aparecem pode ser de 30% a 50%. A quebra é maior, quando você e sua equipe chamam pessoas para a reunião sem antes aquecer o contato. Contatos quentes comparecem mais às reuniões. Mesmo assim, nunca se tem 100% de presença. Sempre haverá a chuva, o filho doente, o pneu furado, os imprevistos.

Uma reunião coletiva deve ser planejada. É importante que haja uma divulgação massiva com *flyers* (ou um folheto eletrônico, com as informações do evento), além da divulgação na própria equipe, confirmação de presença e preparação da sala.

Confirme sempre o local, chegue uma hora antes do início, teste o som e o projetor e arrume as cadeiras. Como você colocará sempre um número menor de cadeiras do que a quantidade de pessoas que você espera para o evento, deixe também outras de reserva, caso precise.

Não fique nem deixe seus empreendedores ficarem na porta com olhos arregalados e assustados esperando os convidados. Todos precisam ter uma atitude natural. Se forem menos pessoas, faça a apresentação. Também já esperei cinquenta pessoas em uma sala e chegaram três. Realizei a apresentação e um dos três veio a ser um dos meus maiores líderes naquela ocasião.

Evite se deixar levar pelo seu otimismo ou pelo otimismo de alguém do seu grupo. Sempre há aqueles que chegarão prometendo colocar cem pessoas em uma sala de um dia para o outro. Isso muito provavelmente não acontecerá, a menos que tenha sido feito previamente um intenso trabalho 1-1. Você terá armadilhas como essa continuamente. Comece pequeno para se tornar grande, mas tenha velocidade e constância.

Um ponto importante é o momento de começar a cobrar a entrada das reuniões. Esse é um dilema enorme pelo qual passei inúmeras vezes. Quando o sistema é fruto de uma decisão coletiva, todos deverão assumir a responsabilidade. O sistema trabalha para todos. Por isso, os critérios de cobrança devem ser criados em conjunto. Acredito que o melhor modelo seja cada empreendedor comprar uma quantidade de ingressos para o mês inteiro. Quem precisar de mais, pode adquirir no início de uma reunião.

As reuniões coletivas devem ser semanais. Diariamente, as atividades da equipe são encontrar pessoas e fazer apresentações individuais. Uma vez por semana, todos colocam energia nas reuniões coletivas.

Cobrar ingresso não é errado. O errado é não cobrar. O investimento é de todos, já que o sistema trabalha para todos. Ainda que um líder, às vezes você mesmo, tenha que investir no sistema inicialmente, deve-se buscar continuamente que o próprio sistema de reuniões se sustente.

Outro ponto importante: sempre recomendo que sejam organizados treinamentos coletivos para os empreendedores. Eles devem ocorrer antes das reuniões coletivas. Esses treinamentos acabam sendo boas oportunidades para que os empreendedores cheguem mais cedo, inspirem-se e recebam conhecimento e motivação semanal.

EVENTOS MENSAIS/SEMINÁRIOS

Uma vez estruturadas as reuniões coletivas, caseiras e regionais, surge a necessidade de treinamentos mensais e de eventos maiores. De novo, essa evolução do sistema é sempre consequência do crescimento. Nunca complique antes do tempo.

Os eventos maiores têm como objetivo inspirar, motivar e reconhecer os novos líderes. São oportunidades de trabalhar o desenvolvimento pessoal e o aprofundamento de algumas habilidades. Esses eventos podem ser divididos por níveis de liderança, dos maiores títulos para os menores. No início do evento, entram apenas os maiores títulos e, com o decorrer do tempo, vão entrando os demais. Dessa forma, o evento acaba sendo dividido em blocos, com conteúdos diferentes. Também é possível que haja uma apresentação de oportunidade, mas não é esse o objetivo central desses eventos.

Assim como as reuniões semanais, os eventos maiores também devem cobrar ingressos.

A ARTE DA PROMOÇÃO

Muito do sucesso coletivo depende da "arte da promoção". O Marketing de Relacionamento se faz de evento em evento e de promoção em promoção. Você deve promover os eventos com excelência. Independente de concordar ou não com o conteúdo ou com o formato, promova os eventos sempre. Tenha certeza de que quanto mais pessoas de sua organização estiverem nos eventos, mais sucesso você terá. Quando se une um grupo de pessoas apaixonadas por um negócio, cria-se uma energia contagiante e mágica que gera resultados exponenciais.

Você mesmo deve estar em todos os eventos, sempre. Segundo um grande amigo, um pouco exagerado, você só deve perder um evento em caso de morte, desde que a morte seja sua.

EVENTOS DE ATRAÇÃO DE RELACIONAMENTO

Existem também os eventos de marketing de atração. Eu trouxe esse tipo de evento para o Marketing de Relacionamento com o objetivo de aumentar a lista de contato, bem como de trabalhar melhor a lista dos *prospects* que, num primeiro momento, não se aplicam nem ao produto, nem ao negócio.

Os eventos de atração são encontros com temas relevantes e atuais, como se fossem os *workshops* que muitas empresas de consultoria fazem para se relacionar com seus clientes e aumentar seus *prospects*.

Comecei a utilizar essa técnica em 2017 e, em pouco tempo, percebemos uma significativa atração de pessoas que não conhecíamos ou que nem imaginávamos que teriam interesse em eventos como esses. Sem falar de negócios, os eventos de atração conectam pessoas que estavam desconectadas e estreitam ainda mais os laços com os que estão ativos.

Você pode, por exemplo, realizar encontros voltados ao desenvolvimento pessoal, ao universo feminino, ao bem-estar, entre tantos outros que estejam ligados à *vibe* ou identidade de seu negócio. Nesses eventos, é possível colocar a marca da empresa como apoiadora, fazer uma breve apresentação meramente institucional e explorar o tema proposto. Ao final, pode-se oferecer um *network coffee* ou um pequeno coquetel para permitir a interação entre os participantes. Um intervalo, o famoso *coffee break*, também funciona nesses casos.

Todos os eventos descritos até aqui são eventos organizados pela liderança das empresas. Você, ao se tornar um líder, precisará lidar com a criação do sistema.

Existem ainda os eventos corporativos, organizados pela empresa. Eles são voltados ao reconhecimento coletivo, aos lançamentos de produtos e às novidades, como promoções e viagens. Cada empresa segue o seu formato e o seu modelo.

Os eventos são a "fogueira". Neles, você mantém a sua chama e a chama de sua equipe acesas. Eles são importantes para aumentar a crença, inspirar, motivar e reciclar.

Temos a tendência de querer aproveitar toda oportunidade para apresentar o negócio. Com isso, deixamos de desenvolver a equipe. *O sucesso é fruto da constante evolução profissional e pessoal, tanto sua como de sua equipe.*

RISCOS

Existem pessoas que desvirtuam o sistema, acreditando que ele seja uma forma de ganhar dinheiro. Grandes empresas perderam inteiramente a solidez porque seus líderes mudaram o foco: em vez de se empenharem na construção sustentável do negócio, colocaram toda energia no sistema, com a ideia de que ganhariam muito dinheiro. Isso é bastante perigoso e, ao mesmo tempo, um erro bem comum quando as empresas obtêm *momentum*. Os líderes passam a criar eventos, materiais e itens promocionais para vender às suas equipes e se esquecem de construir o negócio. Ao tirar o foco da construção, sentem a perda de negócios, mas, em vez de retomarem a construção, colocam ainda mais energia no sistema. Por isso, digo sempre que a virtude está no equilíbrio. As atividades de um sistema eficiente são muito importantes. O foco do sistema, porém, deve estar em sustentar o próprio sistema e não em gerar lucro para os "donos" desse sistema.

Quando digo "sustentar", refiro-me ao fato de o sistema gerar lucro para pagar todas as contas e continuar se expandindo. O custo para a realização de grandes eventos não é baixo. Por isso, os ingressos devem ser cobrados. É muito comum, também, os líderes desenvolverem materiais de treinamento. O custo desses materiais, no entanto, deve ser justo. Mais importante do que ganhar dinheiro com a venda dos materiais é disseminar o conhecimento por toda a equipe. O sistema não pode, em hipótese alguma, colocar em risco o negócio. Infelizmente, ao longo da história de nosso modelo comercial, já assistimos a várias deturpações do sistema – ocasiões em que ele se tornou maior que o próprio negócio.

OS TRÊS PILARES DA SOLIDEZ

Nestes anos de experiência, sempre fui muito analítico ao tentar entender o sucesso e o fracasso das organizações. Percebi que quanto mais as empresas tinham uma identidade sólida, mais sólidas elas eram. A identidade por si só não traz solidez para a empresa, ou seja, não adianta ter uma identidade sólida, se ela não vier acompanhada em igual proporção por outros dois pilares: pessoas e atividades.

O que vou abordar agora é muito importante. Quando escrevi sobre atitudes certas, falei também de discernimento. Um dos principais aspectos a discernir é em relação à organização na qual você desenvolve ou desenvolverá seus negócios. Já vi muita gente mudar de empresa dizendo que o fazia porque o plano de compensação era ruim ou porque o produto não era acessível nem bom o suficiente. Pasme, mas já vi organizações de sucesso que possuíam planos de compensação muito ruins e produtos caros e não tão bons. Não quero dizer com isso que o plano de compensação não seja importante nem que o produto não faça diferença. Eles são, sem dúvidas, fatores fundamentais de sucesso em uma organização, mas não são os únicos e tampouco os mais importantes.

Compreender os três pilares – *identidade, pessoas e atividades* – é muito importante para você decidir a empresa certa para empreender.

Para uma empresa ter sucesso e ser perene, esses três pilares precisam estar muito alinhados. Dois deles são intangíveis – identidade e pessoas – e um é tangível, já que envolve as atividades.

A identidade é o *porquê* e o *como* a empresa existe. A identidade define a *vibe* da empresa. Nela, estão o Propósito/Missão, Valores e Visão.

O propósito é o porquê a empresa existe, o que ela quer fazer para o mundo e qual é o real sentido de fazer tudo o que ela faz.

Os valores são princípios básicos dos quais ela não abre mão e que guiam a empresa na execução de suas atividades e tomada de decisões.

A Visão é onde a empresa se vê no futuro e o quão importante ela quer ser para a sociedade em que atua.

Muitas empresas têm o quadro de sua identidade na parede e em seus materiais, porém não a pratica. Tão importante quanto ter uma identidade legítima é praticá-la. É preciso, por exemplo, levar essa identidade em consideração toda vez em que a gestão e a liderança tiverem que tomar uma decisão, ainda que ela seja difícil. Ser fiel ao propósito e aos valores é também ter que dizer alguns "nãos" ou, até mesmo, negar determinados negócios.

Lembro-me de uma ocasião em que eu era presidente de uma empresa e estávamos em dúvida sobre qual caminho tomar. Precisávamos e queríamos resultados e existiam dois possíveis caminhos. Depois de muita conversa com minha equipe de gestão, ainda sem saber que caminho tomar, pedi para lermos os valores e os propósitos da empresa. Ficou muito claro o caminho que tínhamos que escolher.

Conheça muito bem a identidade da empresa em que você está desenvolvendo negócios ou que pretende desenvolver. Perceba o quanto essa empresa faz o que fala. Em inglês, há um termo ótimo para isso: *walk the talk*, ou seja, faça o que diz.

Uma identidade sólida e consistente em ações atrai naturalmente as pessoas certas. Pessoas de qualidade atraem pessoas de qualidade, cada um com seu talento e suas habilidades. Diferenças que se somam, formando um time de pessoas que têm propósito e valores em comum. Meu grande amigo e mentor, Wagner Carvalho, compartilhou comigo uma frase que duplico obstinadamente: *aves de mesma plumagem voam juntas!*

As pessoas realizam atividades: vender produtos e compartilhar a oportunidade e as ações sociais, ambientais e de cidadania. São essas atividades que fazem rodar o motor econômico das empresas, gerando ganhos para ela e para todos aqueles que desenvolvem a oportunidade.

Os produtos certos são desenvolvidos e vendidos de forma eficiente, quando se tem a identidade certa e as pessoas certas. Da mesma forma, a oportunidade certa é compartilhada e desenvolvida pelas pessoas certas também com a identidade, o propósito e os valores.

Do ponto de vista de gestão, a solidez do negócio é fortalecida quando a equipe corporativa entende e pratica continuamente esses pilares. Dessa forma, podem desenvolver as estratégias necessárias para criar produtos e negócios eficientes. Inovação constante, poder de adaptação ao ambiente, honestidade e ética corporativa são outras características de uma gestão de qualidade, que consegue, de fato, colocar em prática o plano da empresa.

Dito tudo isso, fica claro que pensamentos como "preciso encontrar apenas os grandes líderes para ter sucesso", "preciso estar na empresa que possui o melhor plano de compensação e que tenha mais formas de ganho" ou "preciso ter o melhor produto da história da humanidade para ter muito sucesso nesse negócio" são, na verdade, pensamentos equivocados. Querer de forma simplista tornar o seu negócio melhor que o negócio dos outros apenas pelas partes tangíveis é um atraso de vida. Claro que é possível obter sucesso baseado nos aspectos tangíveis do negócio (produto, plano etc.). No entanto, esse sucesso não será sólido.

Infelizmente, existem muitos executivos, donos de empresa ou líderes que ficam focados em atrair os "peixes grandes" de uma empresa para outra. Essa é uma prática que pode sim gerar resultado imediato, porém o custo moral e financeiro dela é extremamente elevado. Falarei sobre ética mais para frente.

O que atrai uma pessoa para perto de você é o mesmo que a leva embora. Se alguém vem trabalhar com você ou na empresa em que está por conta de uma grande proposta financeira, a próxima proposta que ela tiver também a levará embora. É triste quando as pessoas se vendem, quando largam tudo – o negócio anterior de anos, as amizades, a lealdade e até a família – por um acordo financeiro imediato e grandes promessas.

Pessoas que vão de uma empresa para outra apenas pelo dinheiro acabam por atrasar sua liberdade, seu sucesso e até sua própria felicidade. Uma mudança de empresa, às vezes, é necessária. Essa mudança, porém, deve ser consciente, baseada na identidade e, posteriormente, nas atividades.

Outro aspecto importante é que, ao mudar de empresa, não necessariamente toda a equipe de um líder irá com ele. Eu nunca arrastei nenhum grupo de pessoas ao mudar de uma empresa para outra. As pessoas, sim, procuraram-me em cada uma das empresas em que trabalhei porque queriam estar comigo e também compartilhavam da identidade da nova empresa em que eu estava. Equipe é aquela que se identifica com uma identidade e se une por isso.

O grande foco da construção de seu negócio deve estar em viver aquilo em que você acredita e em procurar as pessoas que acreditam no mesmo. Para tanto, faça as atividades com a qualidade e a intensidade necessárias para encontrar essas pessoas e, consequentemente, elas encontrarão outras também dispostas a integrar sua equipe. *As semelhanças atraem e as diferenças somam!*

Nosso modelo de negócios está totalmente relacionado à nova economia, como já mencionei aqui. A nova economia conecta pessoas por uma *vibe* em comum e não apenas pelo dinheiro. O dinheiro é consequência de uma comunidade de pessoas que acredita nas mesmas coisas. *Comprar* pessoas é uma atividade da velha economia e já se provou ineficiente em longo prazo.

Desenvolver o Marketing de Relacionamento deve ser para você um projeto de vida e não apenas um negócio. Ele é, na verdade, um estilo de vida, algo com o qual você se conecta por longos períodos e até mesmo para sempre. Para ser *para sempre*, porém, a empresa precisa ser sólida. É essa solidez que fará com que você dê o seu melhor.

É importante dizer também que a oportunidade é igual tanto em empresas que estão começando como em empresas já estabelecidas. Muitos novos empreendedores acham que uma empresa que acaba de surgir é a oportunidade que esperavam para se tornarem grandes no mercado. Isso pode até ser verdade, mas não sempre. Todos os negócios, como tudo na vida, têm seu tempo. Algo extremamente novo tem suas instabilidades. Em minha experiência, uma empresa nova demora, no mínimo, de 3 a 4 anos para se solidificar e criar seu primeiro *momentum*. Isso também não significa que você, caso ainda não esteja desenvolvendo um negócio, deva esperar esse tempo para entrar no negócio. O que quero dizer com isso é que seu sucesso não depende do tempo de existência da empresa. Ele depende de você, não importa o momento em que a empresa vive. O sucesso da empresa, por sua vez, depende dos três pilares já discutidos aqui. É necessário que eles estejam bem estabelecidos e que evoluam sempre. O tempo fará sua parte, quando a empresa estiver conectada com sua essência, e você, conectado com a essência dela.

GESTÃO FINANCEIRA

Quando a gente lê *gestão financeira* logo pensa em algo extremamente complexo, exclusivo daqueles que amam planilhas e fórmulas complicadas. Essa ideia se relaciona mais com Administração Financeira, e não com Gestão.

Gestão financeira significa gerir seus recursos entre receitas e despesas. No Marketing de Relacionamento, o processo de gestão financeira está mais relacionado à gestão pessoal. Isso porque são as próprias empresas de Marketing de Relacionamento que ficam responsáveis por todo o processo complexo de contas a pagar e a receber, além das questões tributárias.

O que quero ressaltar neste capítulo é muito mais a relação que você tem com o dinheiro do que processos complexos de administração financeira.

O primeiro aspecto que quero ressaltar aqui é como lidar com seus gastos enquanto constrói uma renda. É verdade que você pode gerar um ganho de vários dígitos em alguns momentos e também criar um ganho residual nesse negócio. Ganho residual é quando você ganha além de seu esforço direto, como já comentei aqui. Ganhar quantias de vários dígitos significa que você, construindo da forma certa, ganhará mais do que precisa. Para que isso aconteça, é fundamental começar da forma certa na relação ganhos vs. despesas.

Um dos maiores erros que vejo acontecer é quando um novo empreendedor, sem ter uma reserva, pede demissão ao começar a desenvolver o Marketing de Relacionamento. Isso acarreta uma pressão financeira que leva o indivíduo ao desespero. Pessoas desesperadas fazem coisas desesperadas. Esse desespero faz com que você comece a fazer contatos com ansiedade, mal aproveitando toda a oportunidade que tem. Os relacionamentos devem ser feitos de forma natural, com senso de urgência, porém naturalmente, para que sejam eficientes. Quando temos uma pressão financeira, acabamos transmitindo nosso mau momento para os contatos que fazemos. O *prospect* percebe que você está ansioso e cria uma barreira, resultando em péssimos negócios ou em poucos negócios.

Você deve procurar ficar minimamente bem para poder desenvolver o negócio de forma tranquila. Os resultados até podem acontecer de forma rápida, mas isso não é regra e tampouco a única maneira de acontecer.

Se, por um lado, é verdade que algumas pessoas produzem mais quando estão pressionadas, por outro, não creio que seja a melhor forma de construir esse negócio para a grande maioria. Como podemos construir algo sólido, perene e que nos traga liberdade em meio a grandes tormentas e pressões de dívidas?

A grande vantagem do Marketing de Relacionamento é que você pode desenvolvê-lo paralelamente a sua atividade principal, até tomar a decisão de se dedicar em tempo integral. A imensa maioria das pessoas desenvolve o negócio em tempo parcial. O momento certo de ficar apenas com o Marketing de Relacionamento é quando você tem, por algum tempo, uma renda média suficiente para fazer frente ao seu custo de vida e ainda sobrar um pouco para guardar.

Eu mesmo fiz um movimento de executivo para empreendedor. Diferente da imensa maioria, eu nunca pude desenvolver o negócio em paralelo porque as empresas em que atuei eram empresas de Marketing de Relacionamento. Logo, seria antiético me conectar a uma empresa concorrente. Ainda assim, fiz ao longo de minha jornada uma reserva que me permitiria viver mais que um ano sem qualquer ganho. Isso fez com que eu desenvolvesse meus projetos até ter o ganho necessário para pagar meus custos e, então, poder viver melhor.

A regra para um empreendedor no Marketing de Relacionamento é diferente. Isso porque há momentos em que ele sai de uma empresa para outra do mesmo segmento e acaba tendo que abrir mão de seus ganhos para construir novamente. Mesmo assim, sempre que possível, é interessante se preparar para a mudança, já que ela significa um novo começo e o empreendedor irá demorar algum tempo para construir ganhos semelhantes ao que tinha.

Um aspecto muito importante também é a gestão do seu custo de vida. É normal aumentarmos nosso custo de vida conforme ganhamos mais. Isso tem muito a ver com a relação que você tem com você mesmo.

Qual será a quantidade suficiente de luxo e de conforto para cada fase de sua vida? Quanto será que você verdadeiramente precisa para "complicá-la"? Essas perguntas podem ajudá-lo a refletir e, com isso, a viver melhor por mais tempo.

Muitos de nós, em alguns momentos, acabamos aumentando nossos gastos e a complexidade de nossas vidas rapidamente. Isso acontece porque não temos uma forma estruturada de sonhar. Lembre-se de que falei bastante de sonhos anteriormente. A forma com que definirá seus sonhos tem uma relação direta com sua saúde, com sua tranquilidade financeira e com sua liberdade. Quanto mais você complicar sua vida, mais escravo será do dinheiro e, consequentemente, não usufruirá da liberdade que o negócio pode dar a você.

Já vi muitos líderes que, assim que seus ganhos aumentaram, trocaram de carro e de casa e compraram inúmeros imóveis, lanchas, entre tantas outras coisas. Muitos executivos fazem o mesmo. São promovidos e imediatamente trocam seu ciclo de relacionamento por pessoas de outra classe social, aumentam seu custo de vida rapidamente e gastam tanto ou até mais do que ganham. Todos que vivem essa situação, empreendedores ou executivos, assumem um gasto cada vez mais alto que faz com que não consigam guardar nada. Acostumam suas famílias a padrões elevados de luxo e de conforto e criam um peso em suas costas. E é esse peso que traz intranquilidade e, novamente, faz com que queiram mais e mais. O medo de perder é maior que a vontade de crescer.

Em uma das maiores experiências de minha vida, eu repetia como um mantra para os líderes guardarem dinheiro, mesmo antes de ganharem altas somas. Isso criou uma cultura de economizar e de fazer reservas que mais tarde serviram, em um momento de transição, para que passassem por um período de baixa. Os que foram menos responsáveis saíram fazendo loucuras e foram para outras empresas de forma agressiva e até antiética. Alguns deles, até o momento em que escrevo, continuam escravizados pela pressão financeira e pelo ego.

O ego é um grande câncer para a saúde financeira. Quando fazemos algo que *não queremos* para provar *o que não somos* para um monte de *gente que não importa*, temos um grande risco de nos escravizarmos e, novamente, de perdermos a liberdade. Comprar um supercarro mais caro do que se pode pagar apenas para mostrar resultados, por exemplo, é um erro enorme. Não somente pelos juros de um provável financiamento, mas também pela pressão que você colocou em sua vida.

Nada tem de mal, no entanto, ter o carro que se quer, a casa e o barco. O importante é esperar o momento certo para fazer isso e o momento certo é quando você realmente pode, de forma saudável, ter esses luxos.

Você deve separar o que *você é* do que *você está*. Mais uma vez fazendo referência ao mundo corporativo, isso prova que esse negócio, em essência, não é diferente de qualquer outra atividade. Vi muitos executivos entrarem em armadilhas complicadas justamente por não separarem o que *eram* do que *estavam*. Vi também muitos líderes fazendo o mesmo. A grande sacada aqui está em saber que você é, do ponto de vista financeiro, o dinheiro que tem guardado e o seu patrimônio. Você não é o tamanho do seu cheque ou do seu título.

Tome muito cuidado com suas decisões. Guarde sempre uma parte do que ganha. Evite complicar sua vida mais do que precisa. Adquira bens e faça coisas por você e não para provar nada a ninguém. Os líderes mais admiráveis que vi e que realmente usufruíram da liberdade financeira foram os que apenas aumentaram seus padrões de vida depois de terem uma segurança financeira acumulada. E tudo o que fizeram foi por eles e não para provar nada a ninguém.

Outro aspecto importante sobre a gestão financeira é saber separar o *dinheiro do negócio* do *dinheiro de sua vida pessoal*. Ou seja, separar a pessoa jurídica da pessoa física. Em alguns momentos, você terá de investir em seu negócio, como em viagens, hospedagem em outras cidades, aluguel de salas de eventos, equipamentos etc. Faça isso separando bem o seu dinheiro pessoal do investimento profissional. Uma coisa é o dinheiro para pagar suas despesas pessoais, moradia, alimentação e lazer (também faz parte). Outra é investir em seu negócio. Não coloque todo o dinheiro no negócio, mas sim, separe algum para ele. Antes de investir, entenda o real retorno do investimento. Evite também ajudar financeiramente seus empreendedores em qualquer coisa. Há muito pouco que você deverá fazer para seus empreendedores do ponto de vista financeiro. Eles já são pagos pela empresa, não há necessidade de você também pagá-los.

Há empreendedores de sua equipe que pedirão auxílio porque não têm condições mínimas. Você não é chefe deles, tampouco eles são seus clientes. São parceiros de negócios. Cada um faz a sua parte e é remunerado por isso. Tenha essa clareza. Dar dinheiro para sua equipe será muito provavelmente dinheiro desperdiçado. Cuidado. Certamente haverá empreendedores que prometerão resultados e, por isso, pedirão ajuda financeira. Particularmente, nunca vi isso dar certo.

O que pode, sim, dar resultado é você promover incentivos para sua equipe. Ou seja, você dar algum prêmio extra mediante crescimento. Assim, você gera um estímulo para fazerem algo que não fariam normalmente. Isso pode ajudar, desde que seja feito com consciência, e esporadicamente. Se fizer sempre, a iniciativa perderá o valor e não resultará em nada. Ela é uma forma inteligente de incentivar os empreendedores, já que você apenas paga algo quando existe resultado.

Cuidado. Faça bem as contas. Todo incentivo deve ter uma margem de ganho para você, ainda que invista parte do seu ganho.

Por fim, vamos falar sobre a questão tributária. O Marketing de Relacionamento possui duas operações diferentes: a venda de produtos e a formação de equipes.

A venda de produtos é tributada pelo ICMS e está regulamentada na regra de substituição tributária da venda direta. As empresas recolhem antecipadamente o seu imposto e pagam ao estado de destino. Você poderá ver em suas notas fiscais de compra de produtos para revenda um imposto adicional que é cobrado. Esse imposto é o seu imposto de circulação de mercadorias e serviços, pago sobre a margem de revenda. Normalmente, a margem é calculada sobre uma margem de valor agregado (MVA), estabelecida por cada estado. Dessa forma, o imposto do valor de venda da empresa para o empreendedor é pago pela própria empresa. Já o imposto da venda estimada de produtos do empreendedor para o consumidor é pago pelo empreendedor e cobrado na própria nota fiscal de compra de maneira antecipada.

Outra atividade, como comentei, é o ganho que você, empreendedor, tem pela equipe. Ele é recebido de algumas maneiras diferentes. Você pode receber como pessoa física por meio do RPA (Recibo de Pagamento de Autônomo), no qual você tem retenção de IRPF (Imposto de Renda de Pessoa Física) e INSS (tanto a parte da empresa como a sua). Você também pode abrir uma MEI (Microempreendedor Individual) ou uma empresa de serviços. Nesse último caso, você é equiparado à intermediação de negócios e tributado como Pessoa Jurídica. O MEI é a melhor forma de você operar, já que com o aumento de seus ganhos anuais, ele se converte automaticamente em uma microempresa. Consulte seu contador e o departamento financeiro da empresa em que atua para mais informações.

Tenha em mente que sua relação com o dinheiro está totalmente ligada à sua liberdade, principalmente à liberdade financeira. Algumas dicas importantes:

- Gaste menos do que ganha;
- Guarde parte do que ganha;
- Invista em seu conforto e luxo apenas quando estiver ganhando suficiente para isso;
- Usufrua do seu dinheiro, mas não gaste tudo;

- Faça por você e não para provar nada a ninguém;
- Sempre que puder, mantenha uma atividade tradicional enquanto constrói o negócio;
- Apenas decida fazer o Marketing de Relacionamento em tempo integral quando tiver segurança dos seus ganhos;
- Nem todo ganho elevado é para sempre;
- Nem todo ganho baixo é para sempre;
- Seu ganho é reflexo do que fez e de como fez no passado, não de sua condição atual;
- Evite construir com desespero financeiro;
- Às vezes, vale a pena dar um passo para trás para dar outros tantos para frente.

ADMINISTRAÇÃO DE UMA EQUIPE GRANDIOSA

É claro que, fazendo o que deve ser feito, da maneira certa e pelo tempo suficiente, vai chegar um momento em que sua organização contará com uma equipe imensa, inclusive com possíveis ramificações de negócios no exterior. Nesse caso, continuam válidos – e ainda mais necessários – todos os conceitos e ideias que apresentei neste livro. Mais do que nunca, você vai precisar se capacitar para a liderança e se manter fiel aos verdadeiros valores que o trouxeram até esse ponto de sucesso e liberdade.

QUANDO EXPANDIR PARA OUTRAS CIDADES, ESTADOS OU PAÍSES?

Muita gente me pergunta isso. A maior oportunidade, independente do tamanho da empresa e da popularidade da marca, é a sua lista de contatos e, incialmente, próxima do lugar onde você vive. Se pensarmos bem, a única despesa que você tem ao desenvolver esse negócio é o seu deslocamento. E deslocar-se leva tempo. Por isso, utilize esse tempo, que é seu recurso mais precioso, com muita sabedoria.

Já vi muita gente desperdiçar tempo e dinheiro por querer expandir seu negócio para outras localidades, antes mesmo de explorar os contatos que moram perto. Há sempre muita oportunidade com baixo custo antes de pensar em expandir. Quando menos esperar, certamente surgirá um *prospect* em outra localidade. O ideal, nesses casos, é encontrar primeiro um construtor naquela localidade, antes de fazer loucuras. Assim como uma fogueira, as suas equipes requerem que o fogo "pegue" e seja alimentado constantemente. É muito mais fácil alimentar uma fogueira próxima de você do que uma que está longe. O fogo pode até pegar, mas se não houver um trabalho constante para mantê-lo aceso, ele apagará.

Em um primeiro momento, foque na "fruta fácil de colher" (tradução de um termo americano muito sábio), para, então, colher as frutas mais difíceis. Mas não perca de vista o sonho de expandir o seu negócio sempre, para todos os lugares onde as oportunidades se apresentarem.

ÉTICA

Já ouvi de muita gente que o Marketing de Relacionamento é um modelo de negócio antiético. Cheguei até a pensar isso algumas vezes. Infelizmente, ao longo de minha carreira, vi muitas situações em que a ética foi posta de lado. Afinal, o que é ética?

Ética é um padrão de comportamento que permite uma convivência harmônica entre os indivíduos de uma determinada sociedade.

Em algumas empresas, esse padrão está descrito em um código de ética. Acho, inclusive, que toda empresa deveria ter o seu, já que esse código estabelece de forma escrita e clara o que pode e o que não pode ser feito. Evidentemente, ele deve ser dinâmico e atualizado de tempos em tempos, conforme o negócio se desenvolve.

Existe uma diferença entre o que é *ético* e o que é *legal*. *Legal* é respeitar a legislação do país. É algo indiscutível. *Ético*, em geral, é mais subjetivo. Por isso, para que se tenha um padrão ético elevado é necessário ter também uma determinada evolução profissional. Quanto menos desenvolvido um grupo empresarial ou social é, menor o padrão ético dele. Por outro lado, quanto mais desenvolvido, maior o padrão ético. Uma sociedade não evoluída possui um nível de desrespeito grande, quando comparada a uma sociedade bem desenvolvida. Aqui vai um exemplo bem simples: furar a fila. O simples ato de furar a fila mostra o padrão ético de uma sociedade. Trabalhando em empresas de diferentes nacionalidades, e mesmo no Brasil em diversas regiões, percebe-se uma diferença grande quanto ao respeito ao próximo no simples ato de furar a fila e de tomar vantagem frente ao próximo. Quanto mais eu respeito o próximo, mais ético eu sou.

É muito comum dentro do Marketing de Relacionamento "líderes" tomarem a decisão de mudar de empresa e ao fazê-lo tentarem arrebanhar o maior número de empreendedores. Essa atitude acaba com relacionamentos que outrora eram fortes e que, por conta das disputas, se diluem. Já vi muita coisa assim acontecendo e já passei, inclusive, por algumas dessas situações.

Seria injusto falar de ética no Marketing de Relacionamento, porém, sem expandir esse pensamento para os demais modelos de negócio. Em qualquer indústria ou mercado se vê a mesma coisa. Muitos gerentes de bancos, por exemplo, saem de uma instituição para outra e tentam arrebanhar todos os clientes. Corretores de imóveis saem de uma imobiliária para outra e fazem de tudo para levar os clientes (compradores ou vendedores) para a nova casa. Enfim, essa prática não está ligada apenas ao Marketing de Relacionamento, mas à qualidade dos profissionais, independentemente do modelo de negócios em que atuam.

Atitudes antiéticas estão muito ligadas à velha economia, na qual se tenta ganhar mercado e dinheiro a qualquer custo, não importa o quê. A própria velha economia tem a prática dos "caçadores de cabeça" (*headhunters*) que saem à caça de profissionais oferecendo propostas gordas, comprando, assim, a reputação deles. Já a nova economia é diferente. Nela, as pessoas se envolvem por algo maior, por uma identidade com as organizações (propósito, valores e visão).

Por que será que no Marketing de Relacionamento parece haver mais situações antiéticas? Na verdade, isso não é por conta do modelo de negócios, mas sim pelo fato de que não há uma seleção ou contratação de pessoas para atuar em uma empresa. Qualquer um pode se cadastrar e começar a trabalhar em qualquer empresa. Dessa forma, há os oportunistas ainda ligados à velha economia que vão de empresa a empresa tentando achar o "pulo do gato" e a "grande oportunidade" de ficarem milionários. Por isso, fazem o que fazem quando se trata de falta de ética. Muitos empresários, nacionais ou não, também se aproveitam disso, oferecendo propostas bastante interessantes e caçando lideranças nas demais empresas.

Eu fiz oito *startups* em minha carreira como executivo e, agora, como empresário. Vi muita coisa acontecer no que se refere a questões éticas. Nunca acreditei no formato de "comprar" pessoas para poder crescer. Há, sim, casos de "sucesso" em oferecer propostas para líderes de outras empresas. No entanto, por tudo que já vi, são sucessos momentâneos que duram no máximo alguns anos. Sabe por quê? *O que atrai alguém para perto de você é o mesmo que leva esse alguém para longe.* Se o dinheiro é o que atrai, o dinheiro é o que levará.

Outra coisa importante é sempre lembrar que colhemos o que plantamos. Se você cresce em uma organização com falta de ética, é isso que vai receber de volta no futuro. O contrário também é verdadeiro.

Vamos alinhar as expectativas. Mesmo fazendo tudo certo, sempre haverá momentos em que você poderá ser traído. Mesmo sendo ético, é possível que você seja vítima da falta de ética. A verdade é que *você terá inimigos mesmo que não queira!* Nessas situações, gosto de algumas frases reconfortantes: *"ninguém chuta cachorro morto"* e *"vira-lata não corre atrás de carro parado!"*

É muito importante que conheça a verdade, independentemente do momento em que está vivendo no negócio. Mesmo o Marketing de Relacionamento sendo um modelo de negócios tão interessante, recompensador e que faz tanto bem para as pessoas, é fundamental que você não se iluda, pensando que se trata de um paraíso. Ele é, sem dúvida, um modelo excepcional ligado à nova economia, mas nele há pessoas de todos os tipos e com diferentes valores. Por ser democrático, você poderá se deparar com situações frustrantes. Não culpe o modelo de negócios. A responsabilidade é das pessoas que fazem o que fazem. Não se renda a fazer o que todos fazem. Faça o seu melhor com os valores mais legítimos. Apesar de algumas frustrações na trajetória, você certamente poderá ter sucesso perene. Um grande amigo, líder multimilionário nessa indústria que cresceu junto comigo, sofreu por diversas vezes esse tipo de situação. Ele sempre dizia: "Não há mal que não traga um bem! É uma seleção natural!". Independentemente de sua crença ou religião, acredito que você provavelmente peça todos os dias para que seja livrado do mal. Pois é, Papai do Céu às vezes abençoa.

Qual é, portanto, o motivo de as pessoas agirem com falta de ética? O motivo, em minha opinião, divide-se em dois: ganância e ego.

Ganância

São pessoas que querem dinheiro acima de tudo e por dinheiro fazem qualquer negócio. Topam tudo por dinheiro. Há, obviamente, os que se aproveitam disso fazendo propostas financeiras bastante agressivas para "comprar" pessoas. O problema que vejo é que a partir do momento em que você se estabelece um valor, por mais que seja legalmente correto, você passa a permitir que seja comprado. A mesma coisa acontece se você compra alguém. Você permite que essa pessoa continue se vendendo. Estabelece-se um elo com o dinheiro e o dinheiro passa a determinar o caminho das pessoas. Eu nunca me vendi e nunca comprei pessoas. Sempre fui envolvido e envolvi pessoas. O dinheiro certamente é importante, mas tem que ser dinheiro de qualidade: assim ele virá sempre como consequência de um trabalho sério, intenso e ético. Esse dinheiro é mais perene e tem um sabor melhor. Mesmo que existam momentos de altos e baixos, ele continuará.

Ego

O controle do ego é uma das coisas mais importantes, não apenas no lado profissional, mas em tudo na vida. O ego é a sua personalidade. Logo, não é uma questão de ter ego ou não, mas sim de ter uma personalidade cada vez mais evoluída. Tenha em mente que as pessoas *trabalham para viver e matam ou morrem por reconhecimento*. Essa é uma das maiores verdades que existem. Quanto menos evoluída e consciente uma pessoa, mais ela depende do reconhecimento e por reconhecimento a qualquer custo ela faz qualquer negócio. Temos que ter muito cuidado com isso. Certa vez, um chefe me disse em uma reunião: "quero que atinjam o resultado *não importa como*! Eu imediatamente pensei que não o faria. Daria o meu melhor e trabalharia duríssimo, mas havia coisas que importavam sim. Eu não entregaria resultado, por exemplo, descumprindo as leis do país, os meus valores ou fazendo qualquer mal para alguém e indo contra o meu propósito. Tenho um princípio fundamental em minha vida que é: *prefiro fracassar com integridade a vencer sem ela*. Curiosamente, o mesmo chefe me disse que *"com integridade eu jamais fracassarei!"*

As palavras têm muita força e ditam a sua caminhada. Se você se conectar com sua essência e desenvolvê-la diariamente, evoluindo profissional e pessoalmente, com certeza terá um padrão ético igualmente elevado. É preciso entender, no entanto, que nem todos estão preparados para evoluir nesse sentido e, por isso, você poderá sofrer ataques ou traições. Se o problema é do outro lado e não seu, agradeça por essa pessoa ter saído. Não é alguém que você desejaria ter ao seu lado para sempre.

COMO LIDAR COM A FALTA DE ÉTICA?

Entendo que cada pessoa tenha um porquê de suas ações. Ninguém é essencialmente mau. Podem me chamar do que quiser, mas isso sempre me ajudou a lidar com as situações nas quais faltaram com ética comigo. Temos que aprender a perdoar para nos libertarmos e crescermos. Para poder perdoar, mesmo que demore, eu procuro pensar que cada ação de uma pessoa se relaciona com algo que aconteceu em sua formação. Não acho que devemos simplesmente aceitar as atitudes dessas pessoas, mas pensar assim sempre me ajudou no processo de perdoar. Uma coisa é ser bom, outra coisa é ser bobo. *Quando alguém dá um tapa na sua cara a culpa é da pessoa. Quando dá o segundo, a culpa é sua que não se afastou dela.*

Como disse anteriormente, muito da falta de ética que percebemos é por conta da busca desesperada por dinheiro ou reconhecimento. Existem pessoas que passaram muita necessidade no passado e temem com todas as forças passar por isso novamente. Assim, não importa como, elas farão de tudo para não viver aquela experiência novamente. É como o gatinho que foi espancado. Qualquer pessoa que chegue perto, ele ataca.

Também há as pessoas que não foram reconhecidas ou que foram humilhadas em algum momento da vida. Consequentemente, têm uma baixa autoestima. Por uma relação deturpada com elas mesmas, essas pessoas farão qualquer coisa para provar o seu valor para o mundo e, nesse processo, os princípios provavelmente ficarão de lado.

Já vi pessoas saírem de empresas nas quais estavam ganhando dinheiro, simplesmente porque não conseguiam continuar crescendo e, por isso, não eram reconhecidas. Nesses casos, as pessoas dificilmente assumem que não estão crescendo devido a algo que deixaram de fazer. Elas saem, então, bombardeando tudo e todos, falando mal da equipe ascendente, da empresa, e dos produtos. O que era a coisa mais linda do mundo passa a ser o que há de pior. Você poderá sofrer isso em sua equipe à medida que cresce. Não discuta.

"Quando você discute com um idiota, você se rebaixa ao nível dele e ele ganha porque tem mais experiência nesse quesito", como dizia um grande amigo.

Você prefere ter razão ou ser feliz e ter sucesso? Quando você discute com um inimigo, você dá poder e relevância a ele. Claro que não devemos nos calar completamente, mas dê menos importância aos ataques que poderá sofrer. Muito da vontade de revidar é emocional e desnecessária. Hoje, por exemplo, em muitos casos de discussões pessoais, os envolvidos postam recados públicos nas mídias sociais e acabam por divulgar ainda mais o problema.

Em uma situação de crise que vivi, aprendi em um *media training* que devemos responder apenas o necessário e deixar o tempo passar. Um dos grandes aprendizados foi quando li uma entrevista de um publicitário famoso que havia feito campanhas de políticos corruptos e, por consequência, chegou a ser acusado e preso. Perguntaram o que ele faria com a carreira. Ele disse: "o tempo é o senhor de todos os males". Tudo passa nessa vida, o que é bom e o que é ruim. Tudo passa. Você poderá sofrer um ataque sem ética. Isso também passará.

Muita gente entra em embates nas crises e acabam piorando ainda mais a situação, dando força ao movimento. Sinceramente, já caí nessas armadilhas e tenho que me controlar constantemente para não cair novamente. Respiro fundo, espero o tempo passar e apenas ajo após a emoção baixar e a razão tomar conta novamente.

A sua reputação é seu maior patrimônio e você a constrói ou a destrói diariamente com decisões e atitudes. *Às vezes, é preciso perder para ganhar.* Um "não" hoje pode ser um "sim" posterior e eterno.

Tenho outra dica. Criei um hábito bastante interessante. Quando estou irritado com alguma situação de ataque, escrevo uma resposta por e-mail para a pessoa e salvo-a na pasta de rascunhos. Depois, com a cabeça fria, leio novamente para saber se devo ou não enviar. Em 90% dos casos eu apago a mensagem.

A melhor forma de se defender do ataque é ser você mesmo, melhor todos os dias e sempre. As pessoas saberão quem você é e a verdade sempre aparece. Mesmo sofrendo ataques antiéticos, você terá defensores naturais. Conecte e envolva as pessoas por algo maior, por um estilo de vida, uma forma de ser, por um propósito, por valores sólidos, por sucesso de qualidade. Você terá momentos de "limpeza" em seu negócio. Agradeça. A cada ataque, conecte-se mais ainda com pessoas semelhantes. A cada situação, aprenda e seja melhor. Seja a pessoa que você gostaria de ter ao seu lado. Eu não acredito que os opostos se atraem, pelo menos não nas relações humanas, profissionais e pessoais. *As semelhanças atraem e as diferenças somam! Aves da mesma plumagem voam juntas!*

CRIE MOTIVAÇÃO

O Marketing de Relacionamento é um negócio em que investimos na criação e na manutenção de boas e produtivas relações entre as pessoas. Por isso mesmo, a motivação e o entusiasmo são nossas principais ferramentas de trabalho.

Crie automotivação e crie motivação da sua equipe. Eis alguns segredos para fazer isso acontecer:

- Trabalhar com um propósito legítimo irá ajudá-lo a obter motivação para construir seu sucesso;
- Sua motivação vai impactar positivamente a vida das pessoas da sua equipe, além de contribuir para que elas se animem a buscar o melhor para a vida delas;
- Coloque o seu negócio de Marketing de Relacionamento em seu coração. Isso fará toda a diferença nos seus resultados e contribuirá para você fazer uma diferença positiva no mundo;
- Tenha sempre um propósito maior do que apenas o benefício próprio;
- Entenda que o Marketing de Relacionamento é um negócio com um sentido muito maior do que simplesmente fazer dinheiro;
- No Marketing de Relacionamento, seu sucesso significa o sucesso de sua equipe e a satisfação dos consumidores a quem vocês atendem, além de provocar uma sinergia que vai contagiar milhares de pessoas;
- Entenda que a liberdade e a felicidade vêm antes do sucesso. Para se ter sucesso em Marketing de Relacionamento, antes é preciso desenvolver sua inteligência emocional;
- A sua felicidade depende de você estabelecer pequenas metas diárias e cumpri-las – o que, no final das contas, vai aumentar ainda mais a sua motivação e, por conseguinte, a sua felicidade.

SERENDIPITY (SERENDIPIDADE)

Quero compartilhar aqui algo que trouxe para mim uma visão totalmente diferente do processo de obtenção do sucesso. Para fechar esse livro, nada melhor do que falar sobre o conceito de "*serendipity*".

Conheci essa palavra em um filme chamado "O acaso do amor." Você deve estar pensando que vou começar a me tornar romântico no final de tudo isso. Calma! Sim, sou romântico e, por ser romântico e falar tanto de felicidade, pude perceber que muitos dos conceitos de um relacionamento amoroso se parecem com os negócios. Afinal, não é apenas o Marketing de Relacionamento que é baseado em relacionamentos interpessoais. Tudo que acontece em nossas vidas também é. Sem relacionamentos não somos nada. Por outro lado, bons relacionamentos são tudo.

Eu me dei conta de que todas as maiores oportunidades em minha vida foram baseadas em bons relacionamentos, vindo dos momentos e das situações mais inesperados. Aí vem essa palavra que creio ter tudo a ver com nosso negócio e, por isso, permite-me fechar o livro.

Após debatermos em detalhe quase todos os aspectos mais importantes desse modelo comercial, é hora de encerrar o assunto com o foco mais importante: relacionamentos que geram momentos *serendipity*. Assim como aconteceu comigo, mesmo fazendo tudo certo e melhor sempre, o seu resultado virá como consequência de acidentes felizes. Esse é o significado de *serendipity*: um acidente feliz!

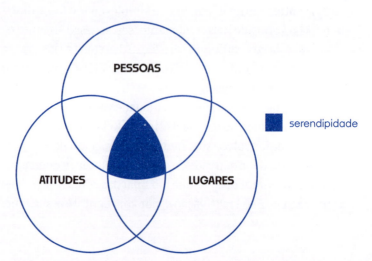

O lócus da serendipidade

O que seria, então? Sorte? Acaso? Sim, de certa maneira, sorte. A sorte de encontrar as pessoas certas, a sorte de estar no lugar certo, na hora certa e com a atitude certa. Assim como a sorte faz com que alguém ganhe na loteria, a sorte poderá ajudá-lo a conquistar sucesso nesse negócio e, por consequência, a liberdade. Isso quer dizer que se para ganhar na loteria é preciso apostar, aqui você também deve apostar na atividade certa com as atitudes certas para encontrar as pessoas certas.

O ACASO APENAS FAVORECE AS MENTES PREPARADAS

Isso significa que você deve melhorar sua mentalidade, suas atitudes e seu jeito de ser para que o acaso possa favorecê-lo, para que você tenha mais sorte. Neste livro, falei muito, em cada capítulo, sobre as atitudes certas. A principal atitude de todas é querer evoluir sempre, querer ser uma pessoa melhor. Para tanto, é preciso constância, humildade e discernimento.

As atitudes certas somadas aos lugares certos aumentam significativamente a sorte. Há uma parábola na Bíblia que fala sobre sementes. As sementes, por melhor que sejam, jogadas em um solo infértil ou em um ambiente hostil não conseguem se desenvolver. Na parábola, há sementes jogadas em pedras que até podem germinar, mas não conseguem criar raízes. Outras são jogadas em meio a espinhos e, mesmo crescendo, são sufocadas. Por fim, existem aquelas jogadas em solo fértil e aberto. Essas germinam, crescem e dão frutos que geram outras sementes.

Escolher os lugares certos para estar é essencial para o seu sucesso. O lugar certo é a empresa em que irá desenvolver o Marketing de Relacionamento. Escolha com sabedoria esse lugar. Escolha também os lugares que irá frequentar. As chances de você encontrar pessoas semelhantes nos lugares certos é muito maior. Chamo de *lugar certo* um lugar que tenha pessoas com objetivos, valores e princípios semelhantes. São lugares *do bem*, saudáveis, e que por si só já atraem as pessoas certas.

Por último e não menos importante, são as pessoas certas. Escolha com sabedoria as pessoas com quem irá andar, com quem irá desenvolver negócios. Lembre-se dos nossos avós dizendo: *diga-me com quem tu andas e direi quem tu és!* Esteja ao lado de pessoas que compartilham os seus valores, pessoas com quem possa aprender e também contribuir. Somos influenciados diariamente por todos que estão ao nosso redor e também os influenciamos.

A soma desses três fatores cria o ambiente propício para os momentos *serendipity*. Fazer a coisa certa, nos lugares certos e ao lado das pessoas certas fará com que você, quando menos imaginar, depare-se com as melhores oportunidades de sua vida. Essas oportunidades chegam, muitas vezes, em forma de um *downline* que você nem deve ter conhecido ainda, mas que irá mudar por completo o curso de sua vida. Provavelmente, ele será um construtor. Os construtores são pessoas que produzirão muito mais do que você, talvez ganharão mais do que você e, ainda assim, isso será maravilhoso.

Faça a sua parte e deixe o acaso fazer a parte dele, junto com o tempo!

LIBERDADE PARA MUDAR O MUNDO

Qual será o verdadeiro sentido do Marketing de Relacionamento? Será que realmente é ganhar muito dinheiro, mais do que se pode usar em uma vida? Será que é ter o carrão e a casona? Será que é provar para o mundo o seu valor?

Não tenho nada contra a abundância financeira, ao contrário. Se fosse contra, eu não atuaria quase há três décadas nessa indústria. Para mim, porém, o verdadeiro sentido do Marketing de Relacionamento é viver bem para poder fazer o bem.

Muitas das pessoas mais ricas do mundo, assim que conquistaram sua riqueza, buscaram um sentido maior para a vida. Isso nos prova que o dinheiro não é tudo. É importante, claro, muito importante no mundo em que vivemos, mas está longe de ser tudo. O dinheiro nada mais é que um veículo para você poder realizar seu propósito. Seu propósito, sim, é o verdadeiro sentido, em minha opinião, desse negócio. É muito bom termos liberdade para sonharmos tudo o que queremos. A melhor liberdade, porém, é a liberdade de realizar aquilo a que você se propõe, o seu propósito.

Dificilmente, você conseguirá realizar seu propósito tão bem, vendendo seu tempo por dinheiro como um empregado de uma empresa pública ou privada. Dificilmente, você conseguirá realizar seu propósito sendo empresário em um mundo tão complexo como o nosso, com uma concorrência cada vez mais feroz. Dificilmente, você poderá realizar tão grandiosamente seu propósito impactando milhões de vidas – sim, milhões – sendo autônomo.

O Marketing de Relacionamento dá a você a oportunidade real de realizar feitos exponenciais, de construir uma organização sem limites, de mudar a vida de milhões de pessoas, de mudar o curso de uma sociedade.

Tenho vivido isso há muitos anos. Olho para trás e percebo que está valendo a pena acordar todos os dias. O Marketing de Relacionamento trouxe um sentido verdadeiro para minha vida e permite que eu realize meus sonhos e que continue sonhando mais e mais, enquanto realizo meu propósito.

Por isso, seja uma pessoa melhor todos os dias. Seja a pessoa que você gostaria de ter ao seu lado. Pratique a ética diariamente. Não faça mal a ninguém; ao contrário, compartilhe sempre o bem.

Construa esse negócio pensando em algo maior. Entenda que o sentido verdadeiro da nossa existência é mudar a vida das pessoas, é ajudar a levar o mundo para um lugar melhor.

Não fuja, nem perca seu propósito. A verdadeira felicidade está em sua essência, está em você se conectar com você mesmo. Felicidade é quando sua alma preenche seu corpo, quando você se basta, quando você está bem com você mesmo. Só então algo ou alguém impulsiona essa felicidade.

Felicidade é potência de agir, como disse o filósofo grego Epicuro. É quando você tem uma força interna para pular da cama todos os dias e realizar mais, viver mais e melhor. A felicidade é precursora da liberdade, e essas duas, juntas, precursoras do sucesso!

Quanto mais conectado com você, mais destinado estará a viver tudo aquilo que a vida tem para oferecer. Você poderá desfrutar de tudo o que o mundo proporciona. Você viverá coisas inimagináveis. Conecte-se com essa verdade! Faça o seu melhor, sendo melhor todos os dias. Como consequência, vamos nos encontrar nos lugares mais lindos do mundo para celebrar o seu sucesso.

Benjamin Disraeli, escritor britânico e ex-Primeiro-Ministro do Reino Unido, disse : "A vida é muito curta para ser pequena!". Então, viva a vida em toda a sua grandeza. Viva-a em profundidade e largueza, antes que a vida passe!

Desejo uma vida feliz, livre e com muito sucesso para você e para todos aqueles que você mais ama.

FAÇA O SEU PLANEJAMENTO

Use este material como auxiliar para planejar, executar e acompanhar os resultados do seu negócio de Marketing de Relacionamento. Seja bastante detalhista e preencha os formulários da forma mais completa possível. Use sua imaginação e não se deixe limitar por suas condições atuais – lembre-se que com o seu negócio de Marketing de Relacionamento você tem as ferramentas e o poder de realizar tudo o que sonhar.

QUAIS SÃO OS SEUS SONHOS?

Escreva aqui todos os sonhos que vierem à sua mente. Na tabela você vai encontrar alguns deles como exemplo, mas você pode incluir muitos outros.

Sua casa	Em qual casa ou apartamento você quer morar?	
	Onde ficará essa casa? Que cidade, bairro, rua?	
	Descreva-a. Qual o tamanho dela?	
	Quantos quartos a casa terá?	
	Como serão os quartos?	

	Como será a sala?	
	Como será a cozinha?	
	Qual será seu lugar preferido dela?	
	Tem piscina?	
	Ela está pronta ou você irá construí-la?	
	Quais outras características sua casa terá?	
Seu carro	Qual carro você quer ter?	
	Apenas um carro ou mais de um?	
	Qual o modelo?	
	Qual a cor?	
	Quais outras características seu carro terá?	
	Novo ou seminovo?	
Viagens	Para quais lugares você quer viajar?	
	Quais locais no Brasil?	
	Quais locais no exterior?	
	Com quem você vai?	
	O que vai fazer de especial lá?	

	Que recordações vai trazer?	
	Como vai se sentir ao realizar essa viagem?	
	O que mais você deseja realizar nessa viagem?	
Cursos	Quais cursos de desenvolvimento profissional você gostaria de fazer?	
	Quais cursos de desenvolvimento pessoal você gostaria de fazer?	
Quais experiências você quer ter?	Pular de paraquedas?	
	Andar de balão?	
	Bungee jumping?	
	Surfar?	
	Outras?	
No aspecto familiar	Quer casar?	
	Quer ter filhos?	
	Quer ter netos?	
	Como será a convivência em família?	
Para outras pessoas	O que gostaria de realizar para outras pessoas?	

	Gostaria de construir uma casa para seus pais?	
	Gostaria de ajudar um amigo?	
	Gostaria de ajudar alguém de sua família?	
	O que mais você sonha fazer para ajudar outras pessoas?	
Socioambiental e Cidadania	Quais projetos gostaria de realizar para pessoas necessitadas?	
	Quais projetos gostaria de realizar para o meio ambiente?	
	Quais projetos gostaria de realizar para a sociedade?	
	O que mais você faria para melhorar o mundo?	
Outros sonhos	Que outros sonhos você tem, que não se enquadram em nenhum aspecto acima?	

QUAIS SÃO SEUS OBJETIVOS FINANCEIROS?

Imaginando esses sonhos, quanto você precisaria ganhar por mês para poder começar a realizá-los? Defina aqui objetivos financeiros de curto, médio e longo prazos. Ao definir esses objetivos financeiros, coloque ao lado deles qual será o seu título na empresa em que você desenvolve o seu negócio de Marketing de Relacionamento e que lhe permitirá um ganho aproximado ao que é necessário para realizar esses sonhos. Coloque também ao lado a data em que você acredita que irá atingir esses objetivos – levando em conta que você terá que estar totalmente disposto a trabalhar para atingi-los.

Objetivo de curto prazo		
Ganho mensal (R$)	Título na empresa	Data em que vai atingir o objetivo

Objetivo de médio prazo		
Ganho mensal (R$)	Título na empresa	Data em que vai atingir o objetivo

Objetivo de longo prazo		
Ganho mensal (R$)	Título na empresa	Data em que vai atingir o objetivo

METAS DE TAREFAS

Coloque números realistas, porém desafiadores.

Metas de Tarefas				
Tarefa	Por dia		Por semana	
	Meta	Quantidade Realizada	Meta	Quantidade Realizada
Quantos contatos você fará?				
Quantas vendas você fará?				
Quantas apresentações você fará?				
Quantos cadastros você fará?				

TO DO LIST

Escreva uma lista com as atividades a serem executadas, como nos exemplos a seguir. Essa lista pode ser feita para uso diário e também semanalmente. Você pode usar um caderno, um bloco de notas ou uma planilha eletrônica, se preferir.

Atividades a Executar no Dia/Semana	Data:	
Atividade	Feito?	Resultado Obtido
Ligar para João		
Retornar para Mariana		
Entregar produto da Claudia		
Convidar Fernanda, Ana, Victor para reunião da terça-feira		
Retomar contato com Juliano		
Fazer cadastro do Guilherme		
Enviar mensagem para Alexandre		

MINHA HISTÓRIA

Normalmente, apresento-me como *filho das Vendas Diretas*. Meu pai conheceu minha mãe na primeira empresa de Vendas Diretas do Brasil. Desde pequeno, sempre escutei histórias emocionantes de revendedoras que ganhavam uma renda extra para fazer frente às despesas de casa ou mesmo para sustentar suas famílias. A venda direta era chamada de "porta a porta" e era formada, principalmente, por mulheres. Eu via meu pai chegando em casa com seu Opala Diplomata, vestido de terno e gravata e com uma valise nas mãos. Além de excelente pai, sempre foi um grande exemplo de profissional para mim. Decidi que faria Administração de Empresas. Queria atuar no mesmo mercado que ele – o mercado de Vendas Diretas.

Minha mãe, que parou de trabalhar logo que engravidou do meu irmão mais velho, sempre teve um lado social muito grande. Ela é outro exemplo enorme de vida e de que podemos, sim, mudar a vida das pessoas. Por conta dela, comecei a sonhar outros sonhos e, também por interferência dela, fui descobrir meu propósito de vida muitos anos mais tarde.

Meus irmãos, outros dois grandes exemplos para mim, também atuaram sempre no mercado de Vendas Diretas. O mais velho começou como estagiário na mesma empresa em que meus pais se conheceram. Iniciou no setor contabilidade até chegar ao Marketing. Tornou-se, além de vice-presidente, uma das maiores autoridades nesse mercado. O meu irmão do meio (sou o mais novo de três) é uma das pessoas mais inteligentes que conheço. Começou a trabalhar com 14 anos de idade como programador, em TI. Pouco tempo depois, quando meu pai voluntariamente pediu demissão de um cargo de diretor daquela empresa, fundou a PCI-IMS, uma empresa especializada em tecnologia para Vendas Diretas.

Então ia começando minha história. Como eu queria ser administrador de empresas, um dos primeiros passos que dei foi me inscrever em um programa de uma ONG que se chamava "Empresários para o Futuro". Por meio de executivos atuantes e voluntários, essa ONG ensinava como funcionavam as empresas. O programa formava uma empresa do zero, desde a decisão do produto que seria fabricado até a equipe de gestão e os processos para colocar o projeto de pé.

É interessante contar essa parte. Eu sonhava ser presidente de empresa. Sempre sonhei grande, já que sonhar pequeno dá o mesmo trabalho. Naquele projeto, decidimos que faríamos sacos de doces. Fizemos o cálculo de quanto seria o capital necessário e transformamos o valor em ações que foram vendidas para os familiares dos participantes. Captamos o investimento necessário para iniciar o projeto. Era hora de escolher a equipe, começando com o presidente. Eu me candidatei e fui eleito por unanimidade. Brinco que, na verdade, estava realizando o meu sonho antes mesmo de trabalhar! Ao me lembrar disso, penso na ideia de que estamos sendo guiados o tempo todo.

Com quinze anos, comecei a trabalhar com meu pai e meu irmão na empresa deles. Foi quando iniciei uma jornada. Eu jamais poderia imaginar onde ela me levaria. Fiquei sete anos com eles, até decidir, em um programa de demissão voluntária, sair para voar mais alto. Eu queria crescer, queria ter a possibilidade de atuar mais próximo à força de vendas das empresas. Estava já aprovado para uma vaga de redesenho de processos, naquela mesma empresa em que meus pais se conheceram. Foi quando uma pessoa, que se tornaria meu grande amigo e, principalmente, meu mentor profissional e de vida, Wagner Carvalho, convidou-me para a minha primeira *startup*. Isso foi no ano 2000. Eu tinha dois caminhos: o mais seguro, trabalhando em uma empresa gigante e em pleno crescimento ou arriscar e começar algo do zero, com todos os riscos que podiam surgir. Decidi arriscar. Arrisquei e paguei o preço daquele risco. Dez meses depois, a matriz da empresa *startup* decidiu interromper o processo de abertura no Brasil, por conta do ambiente regulatório altamente complexo.

Era um risco que eu tinha calculado e não me assustou, apesar de, em alguns momentos, como qualquer ser humano, ter temido e me questionado. Foram momentos passageiros que puseram à prova minha disposição em continuar. Estava e continuei.

As oportunidades foram aparecendo à minha frente e fui trilhando meu caminho. O Wagner – ou Vané, para os amigos – desligou toda a equipe daquela empresa e me convidou para continuar ao seu lado. Havia uma nova startup que se apresentara e ele queria que eu caminhasse com ele para o novo desafio. Era uma companhia de cosméticos, do varejo, que pretendia expandir sua atuação para as Vendas Diretas. Fiquei lá por três anos, como Gerente de Operações, responsável por tudo que não era vendas e marketing. Foram incríveis o aprendizado e a experiência. Fizemos um projeto muito bonito.

Certo dia, uma pessoa que me conheceu naquela primeira startup do ano 2000 me convidou para, então, ser o Diretor de Operações de uma multinacional que chegava ao Brasil. Foi minha terceira startup. Atuei por um ano e meio no Brasil, até que surgiu a oportunidade de realizar meu grande sonho pela primeira vez. Eu tinha 26 anos de idade e fui convidado para ser presidente. Havia duas alternativas para mim na época: ir para o México, que era uma das principais e mais promissoras subsidiárias daquela empresa, ou ir para o Chile e começar a empresa lá do zero. Adivinha? Mais uma vez, optei pelo caminho mais desafiador. Fui para o Chile fazer minha quarta startup.

País diferente, pouca idade e produto novo num mercado altamente cético. Que experiência incrível. Começamos do zero, um papel em branco. Passamos por todos os desafios que se possa imaginar. O maior deles foi lidar com a expectativa, a ansiedade e o medo de não dar certo. Sim, eu tinha muito medo. Em três anos, saímos de último colocado para a sétima maior operação do mundo daquela empresa. E tudo isso em um país complexo e com uma população equivalente à população da grande São Paulo. Esse sucesso me projetou para assumir mais um cargo na mesma empresa, o de Diretor de Produtos para a América Latina. Nesse momento, surgiu um outro desafio: decidir entre a família e o trabalho. Na época, minha esposa estava no Brasil cuidando dos nossos dois filhos. O mais novo acabara de nascer. Para estar perto da família e ser presente, decidi, pela primeira vez, abrir mão do meu sonho por algo mais importante.

Voltei para o Brasil para trabalhar com outra grande amiga e mentora, Eneida Bini. A Eneida estava revolucionando a terceira maior empresa, na época, de Vendas Diretas no ramo de suplementos nutricionais e de controle de peso. Foi uma experiência profissional e pessoal incrível. De presidente, dei alguns passos para trás. Fui ser Gerente Sênior de Desenvolvimento de Vendas. Minha responsabilidade era implantar um modelo comercial diferente que revolucionaria a empresa nos próximos anos. Aprendi muito por lá e fiz grandes amigos que levo até hoje. E mais uma vez a oportunidade bateu à minha porta, ou melhor, ela entrou pela caixa de entrada do meu e-mail.

Um empresário americano que, junto com outros dois sócios, estava criando o que seria a empresa de mais rápido crescimento da história em nosso mercado, estava vindo para o Brasil e recebera o meu nome como indicação para presidir a empresa. Curiosamente, essa mesma empresa tinha sido apresentada para mim por uma funcionária quando eu queria voltar do Chile. Naquela época, cheguei a pesquisar sobre a empresa, depois de uma matéria que saíra em uma revista. Conheci, finalmente, o tal empresário, Randy Larsen, que viria a ser outro grande amigo e mentor. Assumi a presidência da empresa no Brasil, trabalhei muito duro com a minha equipe e, depois de três anos, levamos a companhia de último lugar em vendas e lucratividade para o tão sonhado primeiro lugar. Isso ocorreu após muitos desafios. Um deles, inclusive, foi a intenção do CFO em fechar a operação no Brasil. Nessa mesma empresa, assumi a presidência da América Latina e fui, então, para duas novas startups, no México e no Peru.

A operação peruana, em especial, foi uma das mais importantes experiências da minha vida. Lá, criamos um novo conceito para Vendas Diretas e trouxemos um público novo que ditou o caminho do mercado para as próximas décadas. Fomos uma referência para muitas outras empresas que surgiriam e trouxeram cada vez mais pessoas para esse modelo de negócios. Hoje, o Marketing de Relacionamento é um mercado que fez as Vendas Diretas evoluírem para um público eclético, de todas as idades, formações e gêneros. Ele traz inúmeras oportunidades, incluindo renda extra, renda de tempo integral, formação de riqueza e renda residual.

Uma passagem bastante importante da minha história foi entre 2013 e 2015. Atuando ativamente na ABEVD – Associação Brasileira de Empresas de Vendas Diretas – eu me tornei coordenador do Comitê de Multinível e Presidente do Conselho de Ética. Foi uma fase bem atribulada no mercado, quando empresas piramidais, que mais tarde seriam bloqueadas pelo Ministério Público e pela Justiça, diziam operar pelo sistema de Multinível. Foi um grande desafio separar o "joio do trigo". No entanto, com uma equipe brilhante, conseguimos diferenciar o que era venda direta do que era pirâmide. Elevamos o valor do selo da ABEVD para um nível nunca antes experimentado no modelo de Multinível e auxiliamos bastante na autorregulamentação do mercado. É fato que, de vez em quando, ainda aparecem novos esquemas piramidais. No entanto, por conta do trabalho daquele grupo, há muito mais conhecimento e informação disponíveis para o público e para os órgãos regulatórios hoje em dia.

Paralelamente a tudo isso, eu já vinha em um processo crescente de realizar outros sonhos e de caminhar em outro sentido. Não fazia nenhuma movimentação por preocupação com a minha equipe. Depois do sucesso, passamos por desafios importantes, desde questões com a alta gestão global até problemas éticos no mercado. Mesmo assim, não desisti.

Tinha, porém, um caminho definido em minha mente, que envolvia realizar diretamente meu propósito. Eu já vinha estudando a felicidade há mais de 10 anos e também tinha muita vontade de empreender. Não queria ser executivo até enfartar, ficar atrás de uma mesa para sempre ou, ainda, ser desligado em um momento de minha vida em que eu não teria mais energia. Queria praticar aquilo que tanto pregava. Queria ter liberdade!

Em determinado momento, aquela empresa em que eu atuava foi vendida. Era o momento de eu partir para o próximo passo. Sabendo que a minha equipe teria um caminho a seguir, pedi demissão e desisti do meu sonho, mais uma vez após tê-lo realizado. Fui lançar meu projeto, o Discutindo a Felicidade, e buscar o próximo passo.

Hoje em dia, atuo nesse mercado não apenas como empresário, mas principalmente com o objetivo de profissionalizá-lo. Para isso, trago toda a experiência que ganhei ao longo de mais de 25 anos. Olho para trás com orgulho de ter ajudado a levar o mercado para outro patamar; orgulho de ter mudado milhares e milhares de vidas direta e indiretamente; orgulho de ter ajudado dezenas e dezenas de pessoas a ganharem mais de 6 dígitos e outras centenas a receberem mais de 5 dígitos; orgulho em ver famílias que foram e são formadas todos os dias por meio desse modelo de negócios; orgulho em ver pessoas celebrando e vivendo melhor suas vidas. Criamos um mercado multibilionário que tem perspectiva de chegar a mais de R$ 100 bilhões no Brasil em 20 anos.

Como já disse, meu próximo desafio enquanto empreendedor é contribuir para a profissionalização desse mercado. Quero levá-lo a um patamar ainda mais alto, tanto em eficiência quanto em ética. Por isso escrevi esta obra. Desejo que ela o ajude a ganhar muito dinheiro de qualidade, transformando a sua vida e a de milhares de pessoas e libertando todos das algemas criadas pela velha economia. Vamos trilhar a nova economia. É ela que levará nosso mundo a um estágio muito melhor!

Fontes NOKA, MORE PRO
Papel ALTA ALVURA 90g/m²
Impressão RR DONNELLEY